勃碣都會 幽燕彝章

西汉广阳国历史文化展

北京考古遗址博物馆 编

文物出版社

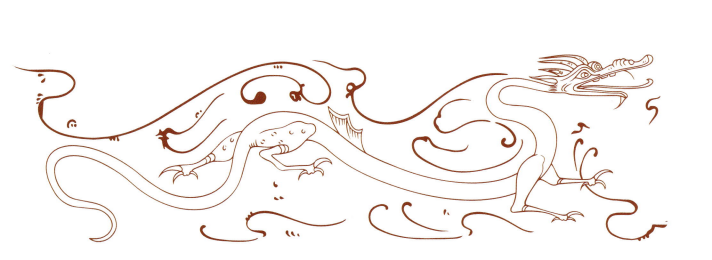

图书在版编目（CIP）数据

勃碣都会　幽燕华章：西汉广阳国历史文化展／北京考古遗址博物馆编. —— 北京：文物出版社，2025.5.
ISBN 978-7-5010-8756-3

Ⅰ. K878.84
中国国家版本馆CIP数据核字第2025P3D828号

勃碣都会　幽燕华章
——西汉广阳国历史文化展

编　　者：北京考古遗址博物馆

责任编辑：张晓曦
责任印制：王　芳

出版发行：文物出版社
社　　址：北京市东城区东直门内北小街2号楼
邮　　编：100007
网　　址：http://www.wenwu.com
邮　　箱：wenwu1957@126.com
经　　销：新华书店
印　　刷：北京荣宝艺品印刷有限公司
开　　本：889mm×1194mm　1/16
印　　张：19
版　　次：2025年5月第1版
印　　次：2025年5月第1次印刷
书　　号：ISBN 978-7-5010-8756-3
定　　价：520.00元

编委会

序

汉代是多元一体中华文明繁荣发展的关键时期，为中华民族绵延千年的繁荣昌盛奠定了坚实根基。北京这座底蕴深厚的历史文化名城，早在汉代便承担着重要的政治、经济、文化与军事功能，成为汉王朝北方地区重要的战略城市。

今天的北京，汉代的蓟城，凭借其"南控中原、北连朔漠"的独特地理位置，成为多元文化碰撞与交融的核心枢纽，开创了大一统王朝统治下区域中心的城市格局。司马迁在《史记》中将燕国及其都城蓟城描述为"勃碣都会"，意为渤海与燕地碣石山之间人文荟萃、经济发达的城邑。《盐铁论》形容蓟城"富冠海内、天下名都"。这里不仅是"汉文化"向北方地区传播的前沿阵地，更是中原农业文明与北方游牧文明交汇共生的熔炉。作为北京地区早期极具影响力的城市，汉代蓟城在政治架构、经济网络、文化传承与民族交融等维度，皆成为北京千年古都文化演进历程中的关键坐标。

汉承秦制，汉高祖刘邦兼取分封、郡县之长，创郡国并行之制，诸侯国"宫室百官，制同京师"。西汉时期，先后在今天的北京地区分封了燕国与广阳国。燕国的诸侯王几经变迁，至汉武帝元狩六年（前117年），正式封立皇子刘旦为燕王。汉宣帝本始元年（前73年）秋七月，诏立燕刺王太子刘建为广阳王。

广阳王陵，即北京大葆台汉墓，于1974年6月被发现，位于广阳国都蓟城西南，今北京市丰台区，为距今两千多年的西汉广阳顷王刘建及其王后的陵寝。大葆台西汉广阳王陵以"黄肠题凑"天子葬制而闻名海内外，是我国第一座完整展现"梓官、便房、黄肠题凑"葬制结构的考古发现，反映了北京地区汉代社会发展面貌，是研究西汉中晚期的政治、经济和物质文化发展的珍贵资料，是汉代文明在北京地区的重要标识。也正是因此，北京大葆台汉墓2021年入选中国"百年百大考古发现"。

作为北京地区最具代表性的汉代历史文化专题博物馆，大葆台遗址博物馆重新开放后，将成为北京地区汉代文明展示中心，持续焕发其独特的魅力。基本陈列"勃碣都会　幽燕华章——西汉广阳国历史文化展"，依托大葆台西汉广阳王陵的考古成果及文物资源，系统阐释其文化内涵。展览以昭宣盛世下的"勃碣都会"为展示核心，多角度展示汉代幽燕地区多姿多彩的社会风貌，凸显燕国、广阳国对北京地区汉代社会生活、物质文化、思想信仰等诸多方面的重要影响，传递中华民族薪火相传的智慧结晶。展陈体系巧妙融合考古展、历史展、文化展三种模式，构建起以考古发掘为坚实根基、以昭宣盛世为时代底色、以汉代文明为价值升华的立体展陈框架，为观众打造沉浸式观展体验，全方位展现大葆台遗址的独特魅力，带领观众领略汉代文明的辉煌壮丽，感悟古都北京的文脉悠长。

展览分为北土汉邦、长乐未央、题凑礼藏三大部分。

序厅通过下沉式廊道空间设计，以西汉疆域、广阳国变迁构建时空坐标系，结合考古发掘影像，回顾广阳王陵的发现、发掘过程，实现宏观历史场域与微观考古现场的双重叙事。引领观众步入广阳王刘建所生活的武帝、昭帝、宣帝时期，感受大汉盛世风采。

"北土汉邦"部分聚焦"绍封广阳"，利用出土文物与历史文献记载，确证广阳王刘建的墓主身份，梳理其生平及其家族关系，展示汉代诸侯王的政治生涯。该部分以广阳王所处的武昭宣时代为时间线索，以广阳国所在的汉代幽燕地区为空间坐标，多维度呈现汉代国家治理的政治智慧。

"长乐未央"部分设"礼乐飨宴""玉饰服章"双主题。该部分采用主题陈列的手法，精心设置复原场景，让观众仿若穿越千年，身临其境地感受汉家日常、衣食住行。广阳国所属的幽燕之地依山带海，物产丰富，为农耕文明的进步提供了条件。随着手工业的发展和贸易的兴盛，蓟城成为两汉时期北方地区的重要经济都会。在物质基础充裕与礼乐文化兴盛的大背景下，该部分通过丰富的陈列展示，生动描绘出汉代蓟城丰富多彩的社会生活图景。

"题凑礼藏"部分深入解析"黄肠题凑"制度。"黄肠题凑"作为"天子之制"，是西汉最高等级的墓葬制度，广阳王陵规模宏大，结构复杂，遵循"事死如事生"的理念，整体布局仿照地上宫殿形制，不仅凝聚了西汉时期的建筑智慧，更是西汉最高等级墓葬制度的实物典范，集中体现了汉代礼制文明的核心内涵。

展览以恢宏的王陵实景与丰富的物质遗存，构建起解读汉代文明的立体密码，再现了北京地区汉代文明的璀璨图景。粟作农业的成熟体系彰显着精耕细作的农业文明高度；黄肠题凑、金缕玉衣、礼乐器具、驷马高车等共同构建起完备的礼制体系；工艺精湛的错金银器物、百炼成钢的铁器、温润莹洁的玉器、镶嵌玛瑙松石的漆器及工艺繁复的纺织遗物，全面见证了西汉手工业的卓越成就；祥禽瑞兽纹饰跃然其间，羽人驭龙图像凌空欲飞，生动诠释着汉代天人合一的祥瑞观念与羽化登仙的生命哲思。广阳王陵以物质与精神的双重维度，立体复现了汉代文明兼容并蓄的时代风貌。

愿每一位走进大葆台遗址的朋友，不仅能享受到一场视觉的盛宴，更能开启一段叩问汉代文明的时空之旅。驻足此地，唤醒属于自己的历史记忆；凝神此间，感受跨越千年的文化共鸣。我们有理由期待，大葆台遗址在未来的岁月里，凭借独特的历史魅力，吸引五湖四海的宾朋来访，赓续中华文明的多彩华章！

编委会

2025 年 4 月

目录

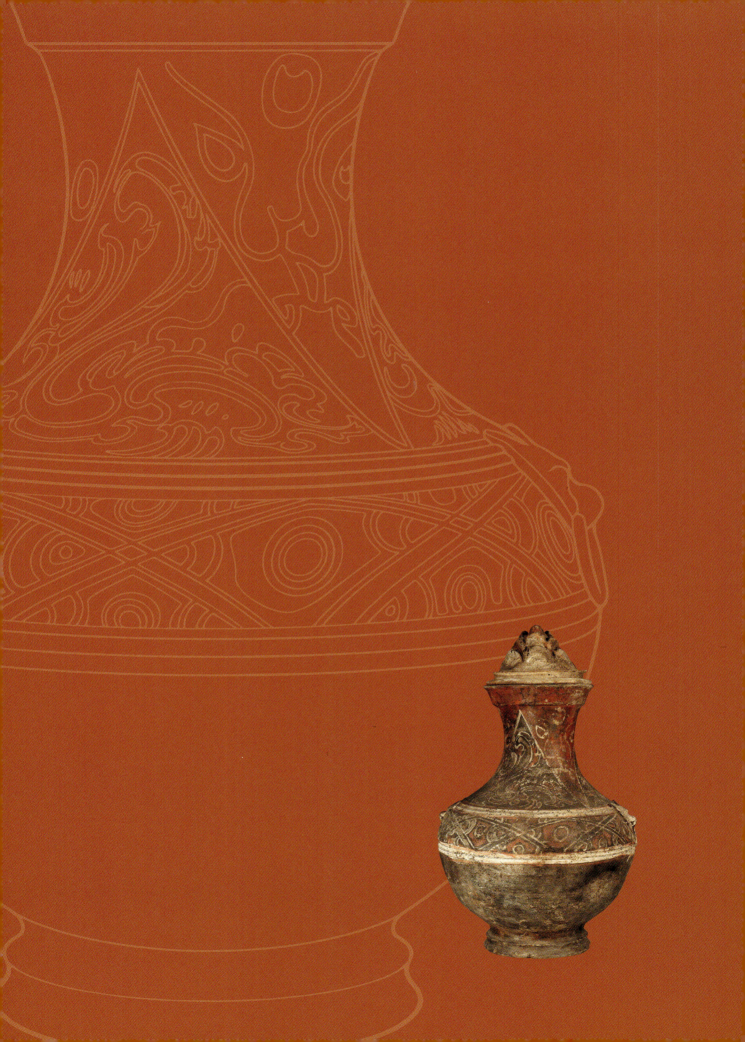

学术论文

回望北京大葆台汉墓的发现

/ 白云翔

　　北京大葆台汉墓的发掘，50 年过去了，似乎是转瞬之间。50 年间，在我国社会政治、经济和文化等大变革、大发展的社会历史大背景下，随着我国考古事业和文化遗产事业的蓬勃发展，大葆台汉墓的研究和认识不断深化，其学术和社会影响力不断扩大。今天，从考古学史的视域来回望半个世纪之前大葆台汉墓的发现，对于进一步认识大葆台汉墓在我国现代考古学百年发展史上的地位和意义，或许是有益的。

一

　　北京作为我国首都，历史悠久，文化灿烂，百万年的人类史、一万多年的文化史和五千多年的文明史，都留下了丰富的物质文化遗存。历史久远、类型多样、内涵丰富的文物古迹，成为古都北京历史悠久、文化底蕴深厚的实物例证，也为现代考古学留下了丰富的考古资源。

　　在我国百年考古史上，北京是最早开展现代考古的地区之一，并且屡有新的重大发现和突破。譬如，早在我国现代考古学诞生之初的 1921 年和 1923 年，瑞典地质学、考古学家安特生和奥地利古生物学家斯丹斯基就在周口店龙骨山找到了包含动物化石的地层堆积并发现了古人类的牙齿化石，而 1927 年开始的周口店遗址的系统考古发掘以及距今 70 万年前"北京人"和 1.8 万年前"山顶洞人"古人类化石的出土，拉开了我国旧石器时代考古和古人类研究的帷幕。又如，20 世纪 60 年代房山琉璃河遗址的考古调查和后来的系统勘探和发掘，初步揭示了西周燕国都城遗址的面貌并发现一批贵族墓，开西周封国都城考古之先河，把北京地区的建城史提前到了 3000 多年前的西周初年。再如，1956～1958 年昌平明代定陵——明神宗万历皇帝朱翊钧及皇后墓地宫的发掘，则是我国考古学史上第一次对古代帝陵的科学发掘。就北京地区的汉代考古而言，同样不乏重大发现，大葆台汉墓的发掘无疑具有里程碑的意义。

　　今日之北京地区，在两汉时期郡、国并行的国家治理政治架构之下，先后封有燕国和广阳国，设有广阳郡和渔阳郡——燕国、广阳国的国都和广阳郡的郡治以及幽州刺史部治所在蓟县（一般认为，其故址可能在今北京市宣武门至和平门一带[1]），渔阳郡治在渔阳（其故址在今北京市怀柔区东北部梨园庄东侧，即怀柔与密云的交界处[2]），而史载"蓟，南通齐、赵，勃、碣之间一都会也"[3]。由此可见，汉代燕蓟地区作为汉王朝北方地区的一个重要区

[1]　北京市文物局考古队：《建国以来北京市考古和文物保护工作》，《文物考古工作三十年（1949～1979）》，文物出版社，1979年，第5页。

[2]　张振松：《北京地区汉代城址初探》，《北京地区汉代城址调查与研究》，北京燕山出版社，2009年，第296页。

[3]　（汉）班固：《汉书》卷二十八下《地理志下》，中华书局，1962年，第1657页。

域，既是汉帝国政治统治的北方门户，又是通往辽东乃至朝鲜半岛的战略通道，因此，燕蓟地区的考古发现和研究，不仅在北京地区的古代历史文化研究中具有重要地位，而且对于汉代社会政治、经济和文化的研究，尤其是汉王朝北方经略的研究也具有重要意义。

据有的学者梳理[1]，北京地区的汉代考古始于1951年东郊高碑店村2座东汉砖室墓的发掘；迄止1973年，汉代遗存发现有城址、聚落、水井、铸钱遗址、窑炉、窖藏和墓葬等，清河朱房村城址等曾进行过局部发掘，宣武门至和平门一带发现水井100多座——显示出这一地区是当时社会生产和社会生活的重要区域，发掘清理的两汉墓葬更是多达数百座，为汉代燕蓟地区社会历史文化研究积累了珍贵资料。但是，此前的考古工作大都是地面调查和基本建设过程中的考古勘探和发掘，资料比较零散，并且主要是小型墓葬。在这样的学术背景下，1974年大葆台汉墓的发掘，对于北京地区汉代考古而言，可以说翻开了新的一页，书写了汉代燕蓟地区考古的辉煌篇章，理所当然地引起了政府、学界和社会的高度关注。正因为如此，大葆台汉墓发掘结束后不到半年——1975年11月就开始了博物馆的筹建，最终于1983年建成并向社会开放。

大葆台汉墓发掘以来的50年间，北京地区的汉代考古又有不少重要发现。2000年发掘的老山汉墓，同样采用了黄肠题凑葬制，是汉代燕蓟地区继大葆台汉墓之后发掘的又一座西汉诸侯王级别的墓葬——可能是西汉中期某一代燕王的王后之墓[2]，不仅具有重要的学术价值，而且一度引起了社会的广泛关注——遗憾的是，其发掘资料迄今未详细整理并公布。相形之下，大葆台汉墓的发掘以及《北京大葆台汉墓》考古报告的出版在考古学史上的重要性更加凸显。2016年前后通州汉代路县故城遗址的全面勘探和大规模发掘[3]，则把北京汉代地区考古推向一个新的阶段。

二

大葆台汉墓位于北京市区西南隅的郭公庄，由东西并列、封土连成一个大土丘的两座墓构成，一号墓居东，是为王墓；二号墓居西，是为王后墓；两墓的年代均为西汉后期，但二号墓的下葬年代稍晚于一号墓。两墓均为"凸"字形竖穴土圹大型木椁墓，且墓室形制及木椁结构相似[4]。两墓均被严重盗扰，并且二号墓几乎被大火焚毁殆尽，但一号墓结构复杂的大型木椁——黄肠题凑大致保存完好，备受学界瞩目。《中国大百科全书·考古学》"大葆台汉墓"条，详细介绍了一号墓的墓室和棺椁结构及其随葬品的种类和空间位置，认为："两墓的墓室、棺椁结构是研究西汉诸侯王墓形制的重要材料。"[5] 此乃大葆台汉墓最重要的学术突破之一，也是入选我国百年百大考古发现的主要原因所在。

所谓"黄肠题凑"，是指一种用木枋纵横垒砌、结构复杂的大型木椁，是汉代最高等

[1] 胡传耸：《北京考古史·汉代卷》，上海古籍出版社，2012年，第5～7页。

[2] 王鑫：《北京老山汉墓》，《2000中国重要考古发现》，文物出版社，2001年，第72～77页。

[3] 孙勐等：《北京通州汉代路县故城城址及墓葬2016年发掘收获》，《2016中国重要考古发现》，文物出版社，2017年，第92～95页。

[4] 大葆台汉墓发掘组：《北京大葆台汉墓》，文物出版社，1989年。

[5] 俞伟超：《大葆台汉墓》，《中国大百科全书·考古学》，中国大百科全书出版社，1986年，第74页。

级的藏具，为皇帝和诸侯王所专用，其他勋戚大臣只有皇帝特赐才能使用，于是，黄肠题凑的使用便成为汉代一种最高等级的葬制——黄肠题凑葬制。"黄肠题凑"一语最早见于《汉书·霍光传》："光薨，上及皇太后亲临光丧。……赐金钱、缯絮，绣被百领，衣五十箧，璧珠玑玉衣，梓官、便房、黄肠题凑各一具，枞木外藏椁十五具。"颜师古注引苏林曰："以柏木黄心致累棺外，故曰黄肠。木头皆内向，故曰题凑。"[1] 史书如此记述，但黄肠题凑究竟面目如何，20 世纪 70 年代之前学界并不清楚。大葆台一号墓的发掘，首次真正揭开了黄肠题凑的面纱[2]，使之具体而形象地展现在世人面前。

大葆台一号墓的墓坑内，四周用大枋木构成两层回廊——外回廊和中回廊，中回廊内侧用 15800 余根枋木垒叠成"回"字形题凑木墙，枋木长 90 厘米，宽、厚均为 10 厘米，木头皆向内，木枋经鉴定均为柏木，且多系柏木芯。题凑木墙内侧用木板构筑"凹"字形内回廊，内回廊内侧是由前堂和后室构成的"便房"，前堂四面开门，分别连通甬道、内回廊和后室；后室位于前堂之北，南与前堂相通，是为棺房，其内木构棺床之上置两重木椁和三重木棺。题凑木墙南面中央设门，穿过两层回廊通向枋木构成的车马库，车马库内放置彩色漆绘朱轮车 3 辆和马 13 匹，车马库南与墓道相接。上述各种木构设施，构成一个规模宏大、结构复杂、布局完整的埋葬空间，完整地再现了黄肠题凑的形态和结构。《中国大百科全书·考古学》"黄肠题凑"条的叙述，将北京大葆台汉墓列为黄肠题凑墓发现的首例，并指出："西汉中期的大葆台汉墓一号墓，用 15000 多根柏木椽叠垒成的宏大题凑，高达 3 米，直抵墓室顶部，其内设有回廊及前、后室，结构上更具独立性，可视为黄肠题凑的成熟形态。"[3] 由此，黄肠题凑成为从考古学上判定西汉诸侯王墓的"标准"之一。

黄肠题凑，从本意上说，是指用柏木木枋层层平铺叠垒成木墙、木枋头端皆内向——木枋全与同侧椁室壁板呈垂直方向的大型木椁，但使用黄肠题凑木椁的葬制——黄肠题凑葬制，并不仅仅限于黄肠题凑，而是以黄肠题凑为核心的一个复杂、完整的埋葬空间系统，还包括梓官、便房和外藏椁等。对于大葆台一号墓的黄肠题凑等，发掘简报未展开论述[4]，但刊登考古简报的同期刊物上，作为发掘者之一的鲁琪发表了讨论其梓官、便房和黄肠题凑的专文[5]——这也是考古学界对这一问题的首次专门讨论。此后，学界对"黄肠题凑"和"梓官"逐步取得了共识，但对"便房"和"外藏椁"等的认识则见仁见智，进行了长期的讨论[6]。这一方面，是因为学界对于文献记载的理解和解读往往因学者不同而有异[7]；另一方面，

[1] （汉）班固：《汉书》卷六十八《霍光传》，中华书局，1962年，第2948~2949页。

[2] 大葆台汉墓发掘之前，1973年发掘的河北定县40号汉墓（即八角廊汉墓），系卒于汉宣帝五凤三年（前55年）的中山怀王刘修之墓，"（墓）圹内用木枋垒成前室和后室。墓室已遭盗掘和火焚，并坍塌至底"（河北省文物研究所：《河北定县40号汉墓发掘简报》，《文物》1981年第8期）。虽然后来推断其木椁藏具为黄肠题凑，但其具体形制结构并不清楚。

[3] 高炜：《黄肠题凑》，《中国大百科全书·考古学》，中国大百科全书出版社，1986年，第215页。

[4] 北京市古墓发掘办公室：《大葆台西汉木椁墓发掘简报》，《文物》1977年第6期。

[5] 鲁琪：《试谈大葆台西汉墓的"梓官"、"便房"、"黄肠题凑"》，《文物》1977年第6期。

[6] 高崇文：《西汉"黄肠题凑"葬制的考古发现与研究·序》，《西汉"黄肠题凑"葬制的考古发现与研究》，北京燕山出版社，2013年，第1~5页。

[7] 《汉书》卷六十八《霍光传》颜师古注引服虔曰：梓官，"棺也"；师古曰："以梓木为之，亲身之棺也，为天子制，故亦称梓官。"又注引服虔曰："便房，藏中便坐也"；师古曰："便房，小曲室也。"又注引服虔曰：外藏椁，"在正藏外，婢妾藏也。或曰厨厩之属也"。见（汉）班固：《汉书》，中华书局，1962年，第2949页。

则是因为随着西汉黄肠题凑墓发现的增多，各墓之间表现出相当大的差异[1]。这种讨论，极大地促进了西汉黄肠题凑葬制乃至汉代诸侯王墓丧葬制度的研究和认识的不断深化，也有力地推动了汉文化统一性和多样性的研究[2]，《西汉"黄肠题凑"葬制的考古发现与研究》系统总结和集中展示了这方面的研究成果[3]。

进而言之，大葆台一号墓的发掘和黄肠题凑的发现，其学术意义不仅仅在于黄肠题凑本身的揭示和确认，而是由此新发现并确认了当时所知西汉诸侯王墓一种新的墓葬类型——竖穴土圹黄肠题凑木椁墓。另一种类型是以1968年发掘的河北满城中山靖王刘胜及其夫人窦绾墓为代表的崖洞墓[4]，从而极大地推进了西汉诸侯王墓的研究。汉代诸侯王墓作为仅次于帝陵——其地下埋葬设施不能进行发掘的高等级墓葬，其发掘和研究，无论对于当时丧葬制度和丧葬礼仪的研究，还是对于当时社会政治、经济和文化的研究都具有重要意义。

三

上述之外，大葆台汉墓还有若干具有重要价值的发现，在考古学史上具有突破性的学术意义。譬如，一号墓墓室底部铺设一层厚50～70厘米的白膏泥，在墓室顶部圆木之上的两层木炭之间铺一层厚40～70厘米的白膏泥，这种用白膏泥封护墓室的做法，在北方地区是首次发现。就出土文物来说，尽管由于墓葬被严重盗扰而残留的数量有限，但其中不乏精品、珍品和具有重要学术价值的遗物。譬如，一号墓北侧外回廊内出土的铸有"渔"字标记的铁空首斧，可知是渔阳郡铁官所属铁工场的产品，也是迄今考古所见唯一的一件"渔"字铭文铁斧，从考古学上证明了《汉书·地理志》所载"渔阳有铁官"的史实——尽管渔阳郡铁官的铁工场尚未得到确认。就出土玉器而言，二号墓出土的玉舞人，系用墨玉两面雕镂成长裙、甩袖折腰的女性舞蹈人像，并用阴刻线条表现其五官和衣裳，其造型之优美飘逸，形象之生动，都令人叹为观止；同是二号墓出土的两面雕刻相同纹样的圆形白玉佩，顶部雕镂成缨花，中间雕刻成盘曲的螭虎，并用阴线条表现其虎体形态，其形制和纹样为汉代玉器所仅见。就出土陶器来看，二号墓出土的漆衣陶器，为当时北方地区首次发现；两墓出土的高达53～66厘米的大型方口圜底陶瓮，在其他地区尚未见到，具有鲜明的地域特色；二号墓出土的口径达70厘米的大型泥质红陶盆形器，内底中央凸起一中空而顶部封闭的圆柱，内壁饰一条飞龙、三条游鱼和三只奔鹤，内底则刻画出一龙、一鱼和双鹤——其文化意蕴有待解读，而如此体量大、形制和纹饰独特的陶器，迄今未见于其他地方。凡此种种，不一而足，无不显示出大葆台汉墓出土文物重要的科学价值、历史价值和艺术价值。

毫无疑问，半个世纪以来大葆台汉墓的研究在不断深入，认识在不断深化，但是，值得研究的问题依然还有不少。譬如，文献记载和考古发现都表明，西汉的诸侯国制如汉廷，其

[1] 黄展岳：《汉代诸侯王墓论述》，《考古学报》1998年第1期。笔者按：该文发表之后，西汉黄肠题凑诸侯王或王后墓又有不少发现，迄今已达14座。

[2] 白云翔：《从北京大葆台汉墓论汉代物质文化的统一性与多样性》，《汉代文明国际学术研讨会论文集》，北京燕山出版社，2009年，第56～66页。

[3] 北京市大葆台西汉墓博物馆：《西汉"黄肠题凑"葬制的考古发现与研究》，北京燕山出版社，2013年。

[4] 中国社会科学院考古研究所、河北省文物管理处：《满城汉墓发掘报告》，文物出版社，1980年。

陵园、陵寝制度也效仿汉廷，也就是说，西汉诸侯王墓的地上是有陵园和陵寝建筑的，但是，关于大葆台汉墓的陵园和陵寝设施等，迄今知之甚少。又如，关于大葆台汉墓的墓主人，毫无疑问是西汉时期的一位诸侯王及其夫人，但究竟是哪个诸侯王，最初的发掘简报认为，一号墓的墓主人是汉武帝元狩六年至昭帝元凤元年（前117～前80年）在位的燕刺王刘旦，二号墓是刘旦夫人之墓[1]——目前仍有学者持此说；1989年出版的《北京大葆台汉墓》则改定为，一号墓是汉宣帝本始元年至元帝初元四年（前73～前45年）在位的广阳顷王刘建，二号墓是刘建夫人之墓[2]——学界大多认同此说；但是，2008年又有学者推定，一号墓的墓主人是汉成帝阳朔二年至哀帝建平三年（前23～前4年）在位的广阳思王刘璜[3]。由于墓葬被严重盗扰，关于墓主人的信息严重缺失，学术界关于其墓主人的推定存在多种说法，实属正常。按照古代大型墓葬墓主人判定的"三要素"——时间要素、空间要素、特定要素以及三者互证的方法[4]，大葆台汉墓墓主人争论的关键，实际上是墓葬年代的断定问题。随着汉代燕蓟地区考古资料年代学研究的进一步细化和精确化，大葆台汉墓的墓主人有望得到更准确的推定。再如，《北京大葆台汉墓》在记述一号墓墓葬形制的章节中曾言："在封土的南部，距封土顶深1米处的夯土中，发现20多个汉代夹砂红陶罐，有些罐的外壁或内外壁，均留有烟熏的痕迹。"[5]这些陶罐发现于封土的夯土之中，其年代又是汉代，显然是夯筑封土过程中有意识放置的，其作用和意义何在——或许与封土夯筑过程中的某种"祭祀"等"礼仪"活动有关，对于当时丧葬行为和丧葬观念的研究颇具价值，值得加以关注。凡此种种，以及大葆台汉墓与老山汉墓的关系、汉代燕国—广阳国王墓与西汉其他诸侯王墓之间的异同及其动因等，也都是值得进一步关注的课题。

最后要说的是，北京市大葆台西汉墓博物馆自1983年建成并向社会开放以来的40余年间，在大葆台汉墓及其出土文物的保护和展陈方面不断改进和完善，在学术研究和汉代燕蓟地区历史和文化的展示上也取得了丰硕成果，先后编写出版了《北京地区汉代城址调查与研究》《西汉"黄肠题凑"葬制的考古发现与研究》《汉代燕蓟地区史料汇编》等论著。以全新的面貌亮相社会和公众的改建改陈后的博物馆，不仅需要继续做好大葆台汉墓本体及其出土文物的保护和展示——这无疑是首要的和最基本的，同时还应将其逐步建设成为北京地区研究汉文化的一个中心、宣传和弘扬汉文化的一个基地——此乃大葆台西汉墓博物馆的历史使命和发展前景，值得期待。

[1] 北京市古墓发掘办公室：《大葆台西汉木椁墓发掘简报》，《文物》1977年第6期。

[2] 大葆台汉墓发掘组：《北京大葆台汉墓》，文物出版社，1989年，第94～97页。

[3] 吴荣曾：《北京大葆台汉墓墓主考》，《汉代文明国际学术研讨会论文集》，北京燕山出版社，2009年，第27页。

[4] 白云翔：《中国古代大型墓葬墓主人判定的理论与实践——以曹操墓等汉代王侯陵墓为例》，《秦汉考古与秦汉文明研究》，文物出版社，2019年，第35页。

[5] 大葆台汉墓发掘组：《北京大葆台汉墓》，文物出版社，1989年，第5～6页，图五，8。

大葆台汉墓的文化地理学定位 *

/ 王子今

大葆台汉墓考古的发掘成果不仅较早提供了比较完备的西汉时期诸侯王陵的墓葬形制和遗物标本的参考资料，而且揭示了当时这一区域行政制度、经济水平和文化风貌的许多重要历史信息，开展了不同方位、不同层面、不同视角的科学探索，而且还在不断取得新的学术发现。

通过对大葆台汉墓的文化地理学考察，可以发现其所在"燕地"正当"北边道"与"并海道"交通的枢纽位置。从某种意义上，这里也可以看作草原丝绸之路和海洋丝绸之路的交点。同时也是司马迁所划分的四个基本经济区中，"龙门、碣石北"与"山东"两区在东北方向的大致交界点。或许可以说，"燕地"是这两个经济区之间的过渡带。"燕地"与东周秦汉政治重心咸阳—长安地区的密切关联，也值得我们特别予以必要的关注。

一、大葆台汉墓的空间定位

关于大葆台汉墓所在的"燕地"，《史记》卷一百二十九《货殖列传》中有：

> 夫燕亦勃、碣之间一都会也。南通齐、赵，东北边胡。上谷至辽东，地踔远，人民希，数被寇，大与赵、代俗相类，而民雕捍少虑，有鱼盐枣栗之饶。北邻乌桓、夫余，东绾秽貉、朝鲜、真番之利 [1]。

又所谓"燕、代田畜而事蚕"，指出了其在"北边" [2] 边疆格局中经济实力优越。所谓拥有"燕、秦千树栗"者，"此其人皆与千户侯等" [3]，可以看作"有……枣栗之饶"的注文。《汉书》卷二十八下《地理志下》说："燕地，尾、箕分野也。武王定殷，封召公于燕，其后三十六世与六国俱称王。东有渔阳、右北平、辽西，辽东，西有上谷、代郡、雁门，南得涿郡之易、容城、范阳、北新城、故安、涿县、良乡、新昌，及勃海之安次，皆燕分也。乐浪、玄菟，亦宜属焉。"指出"燕地"有自"召公"以来的文化积累，特别是与周边地方包括远地"乐浪、玄菟"的交通往来，形成了显著的区域优势。

班固在《汉书》中记载："燕称王十世，秦欲灭六国，燕王太子丹遣勇士荆轲西刺秦王，不成而诛，秦遂举兵灭燕。"对司马迁所谓"夫燕亦勃、碣之间一都会也"之说予以承袭，

* 本文为2020年度国家社科基金中国历史研究院重大研究专项（"兰台学术计划"）"中华文明起源与历史文化研究专题"委托项目"中华文化基因的渊源与演进"（20@WTC004）成果。

[1] （汉）司马迁：《史记》，中华书局，1959年，第3264～3265页。

[2] 王子今：《秦汉边政的方位形势："北边""南边""西边""西北边"》，《中央民族大学学报（哲学社会科学版）》2021年第3期。

[3] （汉）司马迁：《史记》，中华书局，1959年，第3272页。

又重视民俗记述："蓟，南通齐、赵，勃、碣之间一都会也。初太子丹宾养勇士，不爱后宫美女，民化以为俗，至今犹然。宾客相过，以妇侍宿，嫁取之夕，男女无别，反以为荣。后稍颇止，然终未改。其俗愚悍少虑，轻薄无威，亦有所长，敢于急人，燕丹遗风也。"[1]"燕地"文化个性的生成条件，包括"燕分"地理背景的复杂，以及"南通齐、赵""乐浪、玄菟，亦宜属焉"的交通条件。

广义的"燕地"，包括战国时期燕国控制的地区，相当于西汉幽州刺史部的主要统治范围。其重心地带，即以蓟（今北京）为中心的广阳。《汉书》卷二十八下《地理志下》"广阳国"题下有这样的内容：

> 广阳国，高帝燕国，昭帝元凤元年为广阳郡，宣帝本始元年更为国。莽曰广有。户二万七百四十，口七万六百五十八。县四：蓟，故燕国，召公所封。莽曰伐戎。方城，广阳，阴乡。莽曰阴顺[2]。

这一地区有比较特殊的地位，值得研究者重视[3]。关心大葆台汉墓历史文化信息的朋友，应当了解其空间定位的文化地理背景。

二、"东北边胡""数被寇"

司马迁重视"燕地"在民族关系格局中的地位，所谓"东北边胡"而"上谷至辽东，地踔远，人民希，数被寇"，以及"北邻乌桓、夫余，东绾秽貉、朝鲜、真番之利"，强调了其特殊位置。"绾""利"之说，应与《货殖列传》的论述主题有关，但是能够指出民族经济关系的重要信息，是非常可贵的史料。

班固对"燕地"的介绍，似乎忽略了民族关系方面的相关情况，仅所谓"乐浪、玄菟，亦宜属焉"，涉及对其他民族的关联。即"秦欲灭六国，燕王太子丹遣勇士荆轲西刺秦王，不成而诛，秦遂举兵灭燕"以及"太子丹宾养勇士"，"其俗愚悍少虑，轻薄无威，亦有所长，敢于急人，燕丹遗风也"，只说"燕"与"秦"的紧张关系，没有涉及"东北边胡"和"北邻乌桓、夫余"的情形。这或许与班氏和太史公生活的时代背景不同有关，导致他们对民族关系重视程度不同。

但是，班固本人曾经参与草原民族的外交与战争事务，对边政是熟悉的[4]。《汉书》文字之所以不沿承司马迁"东北边胡"及"北邻乌桓、夫余"语，或许自有考虑。推想其原因，可能与燕地当时承受的匈奴军事压力减轻有关。《史记》卷一百一十《匈奴列传》分述冒顿时代匈奴各部力量："至冒顿而匈奴最强大，尽服从北夷，而南与中国为敌国，……置左右贤王，左右谷蠡王，左右大将，左右大都尉，左右大当户，左右骨都侯。……诸左方王将居东方，直上谷以往者，东接秽貉、朝鲜；右方王将居西方，直上郡以西，接月氏、氐、羌；而单于之庭直代、云中：各有分地，逐水草移徙。"所谓"直上谷"，司马贞《索隐》引姚氏云："古字例以'直'为'值'。值者，当也。"张守节《正义》："上谷郡，今妫州也。

---

[1] （汉）班固：《汉书》，中华书局，1962年，第1656页。
[2] （汉）班固：《汉书》，中华书局，1962年，第1634页。
[3] 王子今：《汉代燕地的文化坐标》，《汉代文明国际学术研讨会论文集》，北京燕山出版社，2009年。
[4] 王子今：《汉帝国交通地理的"直单于庭"方向》，《中国历史地理论丛》2020年第1辑。

言匈奴东方南出，直当妫州也。”[1]《汉书》卷九四上《匈奴传上》：“单于庭直代、云中。”《汉书》卷二十八下《地理志下》：“钟、代、石、北，迫近胡寇，……”[2]就“北边”匈奴军事威胁而言，“单于庭”的方位在不同历史阶段是有变化的。由起初“直代”，到后来向“西北”方向有所移动，出现“单于庭直……云中”的形势。随后匈奴总体又向“西北”方向移动，其左翼“直云中”，右翼“直酒泉、敦煌郡”，其“单于庭”大致正对今内蒙古包头方向。《后汉书》卷十九《耿夔传》：“将精骑八百，出居延塞，直奔北单于廷，……”[3]所谓“直奔北单于廷”，则“直”“北单于廷”之方位已在“居延塞”正北。应当说，在汉武帝时代至昭宣时代，即汉与匈奴关系史最关键的历史阶段，汉王朝“直”“单于庭”方位已经大致对应朔方地方[4]。

燕国曾经据有“北边郡”。汉景帝削藩，中央政府首先夺回沿海郡，即《盐铁论·晁错》所谓“因吴之过而削之会稽，因楚之罪而夺之东海”[5]。吴楚七国之乱平定后，既属沿海又属北边的辽东、辽西、右北平、渔阳，由中央政府直接统领。《史记》卷十七《汉兴以来诸侯王年表》：“吴楚时，前后诸侯或以适削地，是以燕、代无北边郡，吴、淮南、长沙无南边郡，齐、赵、梁、楚支郡名山陂海咸纳于汉。”[6]汉王朝中央政权全面控制了“北边郡”[7]，据周振鹤《西汉政区地理》，当时“北边”形势发生了重要的转变[8]。“至此是西汉直属郡国版图臻于极盛之时”[9]，燕国在与匈奴战争中的地位出现了变化。然而“东北边胡”以及“北邻乌桓、夫余，东绾秽貉、朝鲜、真番之利”的社会生活条件一仍其旧。《汉书》卷二十八下《地理志下》“广阳国”条：“蓟，故燕国，召公所封。莽曰伐戎。”[10]王莽设定的“伐戎”名号，强调了“燕”在战争中的地位。“右北平郡”条下“廷陵，莽曰铺武”，“白狼，莽曰伏狄”，“昌城，莽曰淑武”[11]，也体现了大略同样的文化信息。

三、“北边道”与“并海道”，草原丝路与海洋丝路

对于秦帝国的交通规划，人们以往从中央集权的特点出发，强调以咸阳为中心向四方辐

[1]（汉）司马迁：《史记》，中华书局，1959年，第2891页。

[2]（汉）班固：《汉书》，中华书局，1962年，第1656、3751页。

[3]（南朝）范晔：《后汉书》，中华书局，1965年，第718页。

[4] 王子今：《汉帝国交通地理的“直单于庭”方向》，《中国历史地理论丛》2020年第1辑。

[5] 王利器校注：《盐铁论校注》，中华书局，1992年，第114页。陈直《盐铁论解要》：“直按：《汉书·吴王濞传》云：‘（景帝）三年冬，楚王来朝，错因言楚王戊往年为薄云：诸侯即新削罚，震恐，多怨错，及削吴会稽、豫章郡，书至则吴王先起兵。’”见陈直：《弄瓦翁古籍笺证》，中华书局，2021年，第213页。王子今：《秦汉帝国执政集团的海洋意识与沿海区域控制》，《白沙历史地理学报》2007年第3期。

[6]（汉）司马迁：《史记》，中华书局，1959年，第803页。

[7] 王子今：《秦汉边政的方位形势：“北边”“南边”“西边”“西北边”》，《中央民族大学学报（哲学社会科学版）》2021年第3期。

[8] 周振鹤：《西汉政区地理》，人民出版社，1987年，第9页，《汉高帝五年七异姓诸侯封域示意图》；第11页，《高帝十二年十王国、十五汉郡示意图》；第13页，《文帝后期十七诸侯二十四郡示意图》；第14页，《景帝三年初吴楚七国叛乱前形势图》；第15页，《景帝中元六年二十五王国示意图》。

[9] 周振鹤：《西汉政区地理》，人民出版社，1987年，第17页。

[10]（汉）班固：《汉书》，中华书局，1962年，第1634页。

[11]（汉）班固：《汉书》，中华书局，1962年，第1624页。同条：“賨，都尉治。莽曰裒睦。徐无，莽曰北顺亭。”“聚阳，莽曰笃睦。”也体现了对“顺”“睦”的企求。

射（或者说向东作折扇式展开）的道路交通网的规划建设[1]。其实，有两条重要交通干线并不与咸阳直接关联，就是"北边道"和"并海道"。

《史记》卷六《秦始皇本纪》：秦始皇三十二年（前215年），"巡北边，从上郡入"。三十七年（前210年），出巡途中病故，李斯、赵高秘不发丧，棺载辒辌车中，"从井陉抵九原"而后归，特意绕行北边，说明此次出巡的既定路线是巡行"北边"后回归咸阳[2]。秦二世出巡，"遂至辽东而还"[3]，应当亦曾经行这条道路[4]。显然，"北边道"有可适应浩荡的帝王乘舆车骑队列通过的规模。汉代对秦王朝营建的长城防线又增修延长[5]。从长城的工程规模和军备条件看，"北边道"必须具备可供组织施工、调动部队、转运军需物资的通行条件。在内地移民参与"北边"经济生活之后，"北边道"又成为繁忙的民用运输线。有史籍记载，汉顺帝时，乌桓侵扰云中，一次就曾"遮截道上商贾车牛千余两"[6]。

《史记》卷六《秦始皇本纪》记载，秦始皇统一天下后五次出巡，其中四次行至海滨，往往"并海"而行。二十八年（前219年）第二次出巡，上泰山，随后即"并勃海以东，过黄、腄，穷成山，登之罘，立石颂秦德焉而去。南登琅邪"。二十九年（前218年）第三次出巡，又"登之罘"，"旋，遂之琅邪"。三十二年（前215年）第四次出巡，"之碣石"，"刻碣石门"。三十七年（前210年）第五次出巡，上会稽，望于南海，"还过吴，从江乘渡，并海上，北至琅邪"，又由之罘"并海西。至平原津"[7]。秦二世巡行郡县，曾"到碣石，并海，南至会稽"，又"遂至辽东而还"。显然，在渤海、黄海的海岸线边，当时有一条交通大道。由秦二世"并海"而行至于辽东的记载，可知渤海西岸亦有大道通行。《汉书》卷六《武帝纪》："北至琅邪，并海。"颜师古注："并读曰傍。傍，依也。音步浪反。"[8]"并海道"，就是东汉所谓"傍海道"[9]。

卫护秦汉政权，对秦汉统一帝国产生重要支撑作用的"北边道"和"并海道"[10]，在

---

[1] 研究秦汉交通的论著大多持与此类同的见解，一些国外学者也赞同这一观点，如汤因比在《历史研究》一书中就写道："古代中国统一国家的革命的建立者秦始皇帝，就是由他的京城向四面八方辐射出去的公路的建造者。"见[英]汤因比著、[英]索麦维尔节录、曹未风等译：《历史研究》下册，上海人民出版社，1964年，第25～26页。

[2] （汉）司马迁：《史记》，中华书局，1959年，第252、264页。后来，汉武帝亦曾巡行北边。《史记》卷二十八《封禅书》：汉武帝元封元年（前110年）"自辽西，历北边至九原"，"反至甘泉"。见（汉）司马迁：《史记》，中华书局，1959年，第1399页。

[3] （汉）司马迁：《史记》卷六《秦始皇本纪》，中华书局，1959年，第267页。后来汉武帝出巡，也曾经行历并海道。《史记》卷二十八《封禅书》记载，汉武帝曾自泰山"并海上，北至碣石"。见（汉）司马迁：《史记》，中华书局，1959年，第1398页。《汉书》卷六《武帝纪》记载，元封元年（前110年），"行自泰山，复东巡海上，至碣石"。元封五年（前106年），由江淮"北至琅邪，并海，所过礼祠其名山大川"。见（汉）班固：《汉书》，中华书局，1962年，第192、196页。

[4] 王子今：《秦二世元年东巡史事考略》，《秦文化论丛》第3辑，西北大学出版社，1994年。

[5] 据《汉书》卷六十九《赵充国传》，"北边自敦煌至辽东万一千五百余里"。见（汉）班固：《汉书》，中华书局，1962年，第2989页。

[6] （南朝）范晔：《后汉书》卷九十《乌桓传》，中华书局，1965年，第2983页。

[7] （汉）司马迁：《史记》，中华书局，1959年，第244、250、251、263～264页。

[8] （汉）班固：《汉书》，中华书局，1962年，第196、197页。

[9] 《三国志》卷一《魏书·武帝纪》："秋七月，大水，傍海道不通，田畴请为向导，公从之。"见（晋）陈寿：《三国志》，中华书局，1959年，第29页。

[10] 王子今：《秦汉长城与北边交通》，《历史研究》1988年第6期；王子今：《秦汉时代的并海道》，《中国历史地理论丛》1988年第2辑。

"燕地"实现了交接。

"燕地",正处在"北边道"和"并海道"这两条重要的战略道路的交叉点上,整体格局形成了一个"⊤"形结构[1]。如果简单示意,也可以说是一个"⌐"形结构。

从交通文化的视角考察,发现秦汉时期的两条国际通道,即实现中外文化交流的草原丝绸之路和海洋丝绸之路,还与"北边道"和"并海道"存在密切的关联。

顾颉刚曾经指出,昆仑神话系统发生于"西部高原地区","流传到东方以后,又跟广阔无垠的大海这一自然条件结合起来,在燕、吴、齐、越沿海地区形成了蓬莱神话系统"[2]。"昆仑""西部高原地区"和"东方""大海",形成了中原地区与外域交流的两个历史文化通道。

丝绸之路的主体交通路径,一是西北草原方向,一是东南海洋方向。这一情形特别值得丝绸之路史研究者注意。自西汉时期张骞"凿空"之后,通过河西经西域往来中亚至于西亚的交往,出现"使者相望于道"[3]而"胡商贩客,日款于塞下"[4]的繁盛局面。而东洋航道可达"万二千余里"岛国,更有远者"船行一年可至"[5],南洋航道经历22个月的行程方能抵达的"汉之译使自此还矣"地方[6],也发生着促进文化交流的效力。丝绸之路以海洋和草原为主要走向的这种交通形势,与汤因比将草原和海洋称为"交通的天然媒介"的历史地理观与交通地理观正相符合。汤因比在《历史研究》中分析了世界历史进程的规律性现象,指出"草原"和"海洋"对于文化交流的作用。他写道:"航海的人民很容易把他们的语言传播到他们所居住的海洋周围的四岸上去。古代的希腊航海家们曾经一度把希腊语变成地中海全部沿岸地区的流行语言。""在太平洋上,从斐济群岛到复活节岛,从新西兰到夏威夷,几乎到处都使用一样的波利尼西亚语言,虽然自从波利尼西亚人的独木舟在隔离这些岛屿的广大洋面上定期航行的时候到现在已经过去了许多世代了。此外,由于'英国人统治了海洋',在近年来英语也就变成世界流行的语言了"。汤因比指出,"在草原的周围,也有散布着同样语言的现象"。"由于草原上游牧民族的传布,在今天还有四种这样的语言:柏伯尔语、阿拉伯语、土耳其语和印欧语"。这几种语言的分布,都与"草原上游牧民族的传布"有密切关系。就便利交通的作用而言,草原和海洋有同样的意义。草原为交通提供了极大的方便。草原这种"大片无水的海洋"成了不同民族"彼此之间交通的天然媒介"。"草原像'未经耕种的海洋'一样,它虽然不能为定居的人类提供居住条件,但是却比开垦了的土地为旅行

[1] 王子今:《汉代燕地的文化坐标》,《汉代文明国际学术研讨会论文集》,北京燕山出版社,2009年。

[2] 顾颉刚:《〈庄子〉和〈楚辞〉中昆仑和蓬莱两个神话系统的融合》,《中华文史论丛》1979年第2期。

[3] 王子今:《丝绸之路交通的草原方向和海洋方向》,《丝路文明》第5辑,上海古籍出版社,2020年。"汉始筑令居以西,初置酒泉郡以通西北国。因益发使抵安息、奄蔡、黎轩、条枝、身毒国。而天子好宛马,使者相望于道。诸使外国一辈大者数百,少者百余人,人所赍操大放博望侯时。其后益习而衰少焉。汉率一岁中使多者十余,少者五六辈,远者八九岁,近者数岁而反"。见(汉)司马迁:《史记》,中华书局,1959年,第3170页。《汉书》卷九十六上《西域传上》:"初,武帝感张骞之言,甘心欲通大宛诸国,使者相望于道,一岁中多至十余辈。"见(汉)班固:《汉书》,中华书局,1962年,第3876页。

[4] (南朝)范晔:《后汉书》卷八十八《西域传》,中华书局,1965年,第2931页。

[5] 《三国志》卷三十《魏书·东夷传》:"自郡至女王国万二千余里。""又有裸国、黑齿国复在其东南,船行一年可至"。见(晋)陈寿:《三国志》,中华书局,1959年,第855~856页。

[6] (汉)班固:《汉书》卷二十八下《地理志下》,中华书局,1962年,第1671页。

和运输提供更大的方便"[1]。

草原丝路和海洋丝路这两条文化通道的开发、经营与管控，汉王朝统治阶层及当时的政论家基于军事史、外交史、行政史及民族关系史视角的考察和理解，有形成对社会造成长久文化影响的"东南一尉，西北一候"之说。汉武帝之后，西汉王朝关注世界的视线，主要聚焦于西北方向和东南方向。扬雄《解嘲》通过"客"与"扬子"的对话，阐述了自己的政治理念和文化立场。他写道："今大汉左东海，右渠搜，前番禺，后陶涂。东南一尉，西北一候。"这段文字说到"大汉"的"左""右"和"前""后"。所谓"右渠搜""后陶涂"，是说"西北"方向。关于"东南一尉"，颜师古注："孟康曰：'会稽东部都尉也。'"然而扬雄原文，"东南一尉"对应的是"左东海"和"前番禺"。所谓"西北一候"，颜师古注："孟康曰：'敦煌玉门关候也。'"[2]沈钦韩《汉书疏证》："《地理志》：中部都尉治敦煌步广候官。《续志》：张掖属国有候官城。"[3]《白孔六帖》卷五七《边戍》："东南一尉，西北一候。刘歆言汉武帝。"[4]其说未知所本。根据我们获得的比较明确的信息，"东南一尉，西北一候"出自扬雄笔下[5]。

"东南一尉"对应的北方空间位置，"西北一候"对应的东方空间位置，正是大葆台汉墓所在的"燕地"。

"北边道"与草原丝绸之路连接内地的线路大致走向一致，有的路段甚至相互重合。"并海道"的一些路段形成海洋丝绸之路的陆上保障体系，所谓"濒海之观毕至"[6]，是说驰道联系了滨海各处重要行宫祀所。与此同时，沟通多处海港及沿海经济文化重心，使其彼此连接，形成了"濒海"经济带和"濒海"文化带[7]。

"燕地"和草原丝绸之路的遥远关联，可以从燕昭王见西王母的传说中发现有意义的线索。《太平御览》卷六百九十二引《拾遗记》可见"西王母降"并与燕昭王"游乎燧林之下"的故事："燕昭王时，西王母降，与昭王游乎燧林之下，说炎皇钻火之术，取绿桂之膏，然以照夜。忽有飞蛾衔火，状如丹雀，来拂桂膏之上。此蛾出员丘之穴，穴洞达于九天中，有细珠如流沙，可穿而结，因用为佩。"[8]《太平御览》卷九百五十一引王子年《拾遗记》，也有情节相近的记述："有谷将子，学道也。言于燕昭王曰：西王母寻来，必语虚尤之术。不踰一年，王母果至，与昭王游乎燧林之下，谈炎上钻火之术，取绿桂之膏，燃以映夜。忽有飞蛾衔火，状如丹雀，来拂于桂膏之上。蛾出于员丘之穴。"[9]又如《太平广记》卷二"燕昭王"条："燕昭王者，王哙之子也。及即位，好神仙之道。仙人甘需臣事之，为王述昆台登真之

---

[1] [英]汤因比著、[英]索麦维尔节录、曹未风等译：《历史研究》上册，上海人民出版社，1964年，第234～235页。

[2] （汉）班固：《汉书》，中华书局，1962年，第3568页。

[3] （清）沈钦韩：《汉书疏证（外二种）》第二册，上海古籍出版社，2006年，第137页。

[4] （唐）白居易：《白氏六帖》，民国景宋本，第504页。（唐）白居易原本、（宋）孔传续撰：《白孔六帖》，四库类书丛刊，上海古籍出版社，1992年，第904页。

[5] 王子今：《论"西北一候"：汉王朝西域决策的战略思考》，《西域研究》2021年第1期。

[6] 西汉政论家贾山回顾秦王朝的驰道建设："为驰道于天下，东穷燕齐，南极吴楚，江湖之上，濒海之观毕至。"颜师古注："濒，水涯也。濒海，谓缘海之边也。毕，尽也。濒音频，又音宾，字或作滨，音义同。"见（汉）班固：《汉书》，中华书局，1962年，第2328页。

[7] 王子今：《秦汉海洋文化研究》，北京师范大学出版社，2021年，第176～227页。

[8] （宋）李昉：《太平御览》，中华书局，1960年，第3088页。

[9] （宋）李昉：《太平御览》，中华书局，1960年，第4224页。

事。去嗜欲，撤声色，无思无为，可以致道。王行之既久，谷将子乘虚而集，告于王曰：'西王母将降观尔之所修，示尔以灵玄之要。'后一年，王母果至，与王游燧林之下，说炎皇钻火之术，燃绿桂膏以照夜。忽有飞蛾衔火，集王之宫，得圆丘朱砂，结而为佩。王登握日之台，得神鸟所衔洞光之珠以消烦暑。自是王母三降于燕宫，而昭王狗于攻取，不能遵甘需澄静之。王母亦不复至，甘需白：王母所设之馔，非人世所有，玉酒金醴后，期万祀。王既尝之，自当得道矣。但在虚凝纯白保其遐龄耳。甘需亦升天而去。三十三年，王无疾而殂，形骨柔耎，香气盈庭。子惠王立矣。"[1] 以燕昭王和西王母为主角的神仙传说的发生和传播，有学者以为这与燕国作为"中国古代沿海大诸侯方国"[2] 以及"滨临大海的特殊地理环境直接相关"[3]。笔者认为，在考察燕人的神仙意识特别是燕昭王见西王母这样的传说主题时，还应当注意燕人交往西北方向民族的文化脚步，注意草原大漠这一同样便于文化交往的"大片无水的海洋"[4]。

大葆台汉墓所在"燕地"位于"北边道"和"并海道"交接的枢纽位置。从"北边道"和"并海道"入手，以草原丝绸之路和海洋丝绸之路的视角考察燕地的文化地理定位，思考大葆台汉墓考古收获的多方面的价值，可以在新的学术方向获得新的发现。

重视大葆台汉墓空间位置及"燕地"中心区域的交通史意义，是有历史地理学依据的。《汉书》卷二十八下《地理志下》"渔阳郡"条写道："渔阳郡，秦置。莽曰通路。"渔阳郡有"路"县："路，莽曰通路亭。"而"狐奴"县，"莽曰举符"[5]。"举符"，推想似是通过交通关口的程式性动作。王莽改"狐奴"县的地名，应是取边地交通塞防设置为象征。

四、司马迁划分"山东"与"龙门、碣石北"经济区的过渡带

在以往的秦汉区域文化研究中，笔者曾经在"秦汉时期的基本文化区及其文化风貌"主题下，就"滨海文化区与滨海文化"和"北边区的军事文化"有所讨论。史念海在为《秦汉区域文化研究》所作序言中，曾经给予了肯定的评价："（《秦汉区域文化研究》）中多有新见发表。特别是对于北边区和滨海区的文化区的划分，从交通文化的研究入手，又注意到这两个区域在秦汉文化体系与外域文化体系的交接中的特殊地位，提出了值得学界重视的意见。对于这两个文化区的区域文化的具体分析，因为以往少有学者涉及，也表现出某种开创性的意义。"[6] 笔者还曾提出，其实，"燕地"也可以说正处于北边区、滨海区以及三晋文化区三个文化区域的交接处。于是"燕地"成为具有不同区域文化风格的北边区、滨海区以及三晋文化区之间的过渡带。我们在这一与通常农耕区不同的地区所看到的最直接的文化

---

[1] （宋）李昉：《太平广记》，中华书局，1961年，第8页。

[2] 陈平：《燕昭王好神仙与邹衍的"大九州学说"》，《中国典籍与文化》1995年第2期。

[3] 陈平：《戏说燕昭王、邹衍与〈山海经〉》，《中国典籍与文化》1996年第4期。

[4] 汤因比在《历史研究》一书中关于草原和海洋对交通的作用是这样表述的："二者都为旅行和运输明显提供了更多的便利条件，这是地球上那些有利于人类社会永久居住的地区所不及的。""在草原上逐水草为生的牧民和在海洋里搜寻鱼群的船民之间，确实存在着相似之处。在去大洋彼岸交换产品的商船队和到草原那一边交换产品的骆驼商队之间也具有类似之点"。见[英]汤因比著，刘北成、郭小凌译：《历史研究》，上海人民出版社，2000年，第113页。

[5] （汉）班固：《汉书》，中华书局，1962年，第1623、1624页。

[6] 史念海：《〈秦汉区域文化研究〉序》，王子今：《秦汉区域文化研究》，四川人民出版社，1998年，第1页。

表现，首先是作为"北边"区而出现的人口民族构成的复杂性以及农耕生活与游牧生活的交叉[1]。其次，是作为"滨海"区而出现的与齐地同样的神仙说的盛行和方士群的活跃[2]。

分析"燕地"的区域特点，还应当重视这一地区在司马迁四个基本经济区划分中的地位。司马迁在《史记》卷一百二十九《货殖列传》中分析天下资源及经济形势："夫山西饶材、竹、谷、纑、旄、玉石；山东多鱼、盐、漆、丝、声色；江南出柟、梓、姜、桂、金、锡、连、丹沙、犀、玳瑁、珠玑、齿革；龙门、碣石北多马、牛、羊、旃裘、筋角；铜、铁则千里往往山出棋置：此其大较也。皆中国人民所喜好，谣俗被服饮食奉生送死之具也。故待农而食之，虞而出之，工而成之，商而通之。"关于"龙门、碣石北"，张守节《正义》："龙门山在绛州龙门县。碣石山在平州卢龙县。"[3]所谓"龙门、碣石北多马、牛、羊、旃裘、筋角"，划分了以畜牧业为经济主体的区域。而"燕地"正在"龙门、碣石北"与"山东"经济区的过渡带。这一经济区位形势，也与前说民族分布形势相对应。认识司马迁四个基本经济区划分的科学性，应当注意他出生于"龙门"以及行历天下的考察经历[4]。

五、"燕地"和京畿地方的文化联系

"燕地"与战国时期即已形成强势地位的政治军事重心地区如关中，有密切的文化联系。秦王政和燕太子丹的纠葛，可以作为实证之一。

燕太子丹曾经在秦地生活。他策划荆轲刺杀秦王政的行为，被看作战国时期政治角逐中表现极端的标志性事件。司马迁在《史记》卷八十六《刺客列传》中曾予以生动详尽的记载。《汉书》卷二十八下《地理志下》："燕称王十世，秦欲灭六国，燕王太子丹遣勇士荆轲西刺秦王，不成而诛，秦遂举兵灭燕。"[5]秦灭楚之后即北上击燕，军事进攻经历曲折，颇多艰苦。秦、燕战事的复杂，应与燕国特殊的地理形势、文化传统、经济条件与军事实力相关。考察战国晚期的燕国，亦应重视"燕为北帝"之说[6]。秦崛起于西北，非常重视东北方向的燕国，这点可通过秦始皇碣石之行得以体现。

《史记》卷六《秦始皇本纪》记载："秦每破诸侯，写放其宫室，作之咸阳北阪上，……"裴骃《集解》："徐广曰：'在长安西北，汉武时别名渭城。'"张守节《正义》：

---

[1] 参见陈平：《北方幽燕文化研究》，群言出版社，2006年；王海：《两汉幽州边地社会研究》，北京师范大学硕士学位论文，2007年。

[2] 《史记》卷二十八《封禅书》说到"燕齐海上之方士"的文化影响，"而宋毋忌、正伯侨、充尚、羡门高最后皆燕人，为方僊道，形解销化，依于鬼神之事"。见（汉）司马迁：《史记》，中华书局，1959年，第1400页。顾颉刚在书中说："齐威王、齐宣王、燕昭王们都是他们的信徒……"见顾颉刚：《秦汉的方士和儒生》，上海古籍出版社，1978年，第9页。

[3] （汉）司马迁：《史记》，中华书局，1959年，第3254页。

[4] 《史记》卷一百三十《太史公自序》："迁生龙门，耕牧河山之阳。年十岁则诵古文。二十而南游江、淮，上会稽，探禹穴，窥九疑，浮于沅、湘；北涉汶、泗，讲业齐、鲁之都，观孔子之遗风，乡射邹、峄；厄困鄱、薛、彭城，过梁、楚以归。"见（汉）司马迁：《史记》，中华书局，1959年，第3293页。王子今：《童年司马迁的"耕牧"生活》，《人民日报》2018年6月27日；王子今：《司马迁的行旅》，《月读》2021年第9期；王子今：《"史公足迹殆遍宇内"——行旅对司马迁学术文化的影响》，《北京日报》2021年10月25日。

[5] （汉）班固：《汉书》，中华书局，1962年，第1657页。

[6] 《史记》卷六十九《苏秦列传》："秦为西帝，燕为北帝，赵为中帝，立三帝以令于天下。"见（汉）司马迁：《史记》，中华书局，1959年，第2270页。

"今咸阳县北阪上。"[1] 秦王政灭六国后，在"咸阳北阪上"营造各国"宫室"的翻版。其中燕国"宫室"的建筑遗存至今仍特别醒目[2]。这或许可以从一个特殊的侧面体现出秦执政者对燕国和燕文化的特别重视。在"咸阳北阪上"建造燕国"宫室"具有"秦并天下"的纪念意义。与此相关，可能以"兰池"为"海池"的原型进行设计与施工，在建筑史、园林史上具有开创性[3]。燕国"宫室"与象征"勃海"的"海池"的空间位置关系，也透露出秦执政者的方位理念、地理知识以及天下观和海洋观。其营造对于秦工程史而言，也是值得研究者重视的学术主题。就区域文化研究而言，则提供了在遥远地方形成映射效应的特殊案例[4]。

《汉书》卷二十二《礼乐志》载录《安世房中歌》十七章，其中第五章说到燕地形势："海内有奸，纷乱东北。诏抚成师，武臣承德。行乐交逆，箫勺群慝。肃为济哉，盖定燕国。"这里所谓"海内有奸，纷乱东北"，应是立足于中央王朝中心长安为说。颜师古注："谓匈奴。"对于所谓"盖定燕国"，颜师古解释说："匈奴服从，则燕国安静无寇难也。"而"诏抚成师，武臣承德"句，颜师古注："成师，言各置部校，师出以律也。《春秋左氏传》曰'成师以出'。"对于所谓"箫勺群慝"，颜师古注应读作"箫""勺"，释为古乐："晋灼曰：'箫，舜乐也。勺，周乐也。言以乐征伐也。'师古曰：'言制定新乐，教化流行，则逆乱之徒尽交欢也。慝，恶也。勺读曰酌。'"[5] 对于颜师古注，后来学者多有异议。如："'纷乱东北'，师古但指'匈奴'，'北'则然矣，何有于'东'？又不晓'燕国'为臧荼。如彼训诂，徒费笔墨也。"[6] 而施之勉《汉书集释》引周寿昌说："……颜注亦未为谬也。"[7] 燕地贵族军阀频繁出现"与胡连和"事。燕地与匈奴的密切关系，也使得汉王朝执政集团不能不对这一地区予以特别的关注。从这一角度理解颜师古对"纷乱东北""盖定燕地"的解说均指向匈奴的原因，理解周寿昌所谓"颜注亦未为谬也"的涵义，也许是适宜的[8]。

"燕地"频繁的反乱，在西汉政治历程中留下深刻的历史印痕。《汉书》卷二十七下之下《五行志第七下之下》："高帝三年十月甲戌晦，日有食之，在斗二十度，燕地也。后二年，燕王臧荼反，诛，立卢绾为燕王，后又反，败。""昭帝始元三年十一月壬辰朔，日有食之，在斗九度，燕地也。后四年，燕刺王谋反，诛。"[9]《汉书》卷二十七下之上《五行志第七下之上》还写道："昭帝元凤元年，燕王都蓟大风雨，拔宫中树七围以上十六枚，坏城楼。燕王旦不寤，谋反发觉，卒伏其辜。"颜师古注："蓟，县名，燕国之所都。"[10] "燕地"长期存

[1] （汉）司马迁：《史记》，中华书局，1959年，第239、241页。
[2] 著录于《中国文物地图集·陕西分册》的秦"六国宫殿"遗址，只有"楚国""燕国"两处。见国家文物局：《中国文物地图集·陕西分册》（上下册），西安地图出版社，1998年，第159、348页。《初学记》卷六引王景晖《南燕书》曰："姚秦皇初三年，岁在丁酉，于长安渭滨得赤玺。上有文字曰'天命燕德'。"见（唐）徐坚：《初学记》，中华书局，1962年，第136页。《南燕书》以为祥兆的"天命燕德"赤玺，似乎不能排除秦时"六国宫殿"中燕宫收存文物流失的可能。
[3] 王子今：《秦汉宫苑的"海池"》，《大众考古》2014年第2期。
[4] 王子今：《战国晚期的燕国及秦都咸阳的燕文化映射》，《中国区域文化研究》2022年第2辑，中国社会科学出版社，2022年。
[5] （汉）班固：《汉书》，中华书局，1962年，第1047页。
[6] （清）沈钦韩：《汉书疏证（外二种）》第一册，上海古籍出版社，2006年，第443页。
[7] 施之勉：《汉书集释》第六册，三民书局，2003年，第2154页。
[8] 王子今：《〈安世房中歌〉"纷乱东北""盖定燕国"解》，《秦汉研究》第3辑，陕西人民出版社，2009年。
[9] （汉）班固：《汉书》，中华书局，1962年，第1500、1503页。
[10] （汉）班固：《汉书》，中华书局，1962年，第1444页。

在各种不稳定因素，有多方面的原因，而地理条件无疑非常重要。"燕地""反"的因素复杂，使得中央政权必须予以特殊的关注。

考虑这些政治文化因素，在此基础上理解大葆台汉墓考古发现的历史文化意义，应当说是适宜的。

六、余论：从地理学视角看大葆台汉墓文物遗存的历史价值

大葆台汉墓考古成果与文物遗存的历史价值已经得到中国考古学界和史学界不同学术方向研究者的共同重视。若从地理学视角观察，应当还会有更多更新的学术发现。

以往对大葆台汉墓"黄肠题凑"葬制的考察，发表论著比较集中，学术质量亦多上乘[1]。对于葬具材料征集、陵墓工程组织等方面的研究，也往往涉及地理学元素[2]。我们希望今后的相关研究更多侧重地理学的思考，也期待今后运用经济地理学与文化地理学方法的研究方法，提出更多学术新见。

大葆台汉墓有些考古现象和文物遗迹，或许涉及上文说到的民族地理学与交通地理学问题。大葆台汉墓发现的葬豹，则与生态地理相关，亦体现当时人与自然的关系。而对猫骨发现的研究工作，也涉及动物的地理分布及民俗的地理风格等问题[3]。关于中国的家养猫是否为引进物种的科学考察，也可能推进丝绸之路史研究的发展。

[1] 北京市大葆台西汉墓博物馆：《西汉"黄肠题凑"葬制的考古发现与研究》，北京燕山出版社，2013年。

[2] 王子今：《大葆台汉墓竹简"樵中格"的理解与"汉代聚落自名"问题》，《中国国家博物馆馆刊》2011年第10期。

[3] 王子今：《猫的驯宠史》，《历史学家茶座》第4辑，山东人民出版社，2006年；王子今：《北京大葆台汉墓出土猫骨及相关问题》，《考古》2010年第2期；王子今：《东方朔"跛猫""捕鼠"说的意义》，《南都学坛》2016年第1期。

北京大葆台西汉广阳王陵形制及价值

/ 刘乃涛

广阳王陵，即北京大葆台汉墓，位于广阳国都蓟城西南，今北京市丰台区花乡街道葆台村东，为西汉时期广阳王刘建及其王后的陵寝。

1974～1975年，北京市文物管理处、中国科学院考古研究所等单位对大葆台汉墓（广阳王陵）进行了考古发掘[1]。广阳王陵是北京地区迄今考古发掘等级最高、规模最大、保存最好的汉代诸侯王及其夫人墓，首次通过考古发现证实了史料典籍中所记"黄肠题凑"制度。值此北京市大葆台西汉墓博物馆重张开放及广阳王陵考古发现50周年之际，本文旨在梳理前辈学者在该领域的研究成果，帮助公众更好地理解展览内容。

一、广阳国

（一）绍封广阳[2]

元狩六年（前117年），汉武帝册封皇子刘旦为燕王，以期防御匈奴，"保国艾民"[3]。然而封王之后的刘旦有着不臣之心，他在武帝末年至昭帝初年的朝局变幻里屡生事端，最终于元凤元年（前80年）二次谋反失败后，自杀身亡。燕国被废，王太子刘建被贬为庶人[4]。

汉宣帝刘询在位期间，为了巩固统治并强化中央集权，采取了一系列的封赏措施。这一时期，汉宣帝通过封赏诸侯王的方式来巩固与诸侯王的关系，同时也是对汉武帝时期政策的一种延续和调整。在这一背景下，本始元年（前73年），宣帝诏立燕剌王刘旦太子刘建为广阳王。刘旦的另外两个儿子，刘庆被封为新昌侯，刘贤被封为安定侯[5]。这一举措体现了汉宣帝对于王室成员的优待，同时也是对其政治忠诚的一种肯定。刘建得以绍封广阳，不仅是对其个人的认可，更是对燕剌王刘旦家族的一种政治安抚。刘建被封为广阳王后，其统治持续了29年，谥号为顷王，显示了其在位期间的政治稳定。刘建之后，子孙相继为王，直至王莽时国除[6]（详见表一）。

绍封广阳是汉宣帝对燕剌王太子建及其后代的封赏，不仅反映了宣帝初年的政治策略，也揭示了汉朝王室权力结构的演变。这些事件对于理解汉朝的政治制度和王室继承具有重要的历史价值。

---

[1] 大葆台汉墓发掘组：《北京大葆台汉墓》，文物出版社，1989年，第2～3页。
[2] 西汉时期，当诸侯王的封国被废除后，皇帝出于特别恩典，允许其子孙继承爵位，这一制度称为"绍封"。
[3] （汉）司马迁：《史记》卷六十《三王世家》，中华书局，2013年，第2112页。
[4] （汉）班固：《汉书》卷六十三《武五子传》，中华书局，2013年，第2750～2759页。
[5] （汉）班固：《汉书》卷八《宣帝纪》，中华书局，2013年，第242页。
[6] （汉）班固：《汉书》卷六十三《武五子传》，中华书局，2013年，第2759页。

表一　西汉燕（广阳）国疆域世系变迁表

时间	国（郡）名	世系	疆域
高祖元年至高祖十一年（前206～前196年）	燕国	前206～前202年，燕王臧荼谋反，被诛	下辖故秦时六郡：广阳、上谷、渔阳、右北平、辽东、辽西
		前202～前196年，燕王卢绾谋反，亡匈奴	
高祖十二年至景帝前元三年（前195～前154年）	燕国	前195～前181年，燕灵王刘建被杀，国除	依旧保持六郡，但辖县变化：新得赵之高阳、武垣、蠡吾、饶阳、安平、中水、南深泽七县。失临乐县
		前180年，燕王吕通被杀，国除	
		前179～前178年，燕敬王刘泽	
		前177～前154年，燕康王刘嘉	
景帝前元四年至元朔二年（前153～前127年）	燕国	前153～前152年，燕康王刘嘉被削藩	上谷、渔阳、右北平、辽西、辽东五郡归属中央，疆域仅留下广阳郡
		前151～前127年，燕王刘定国自杀，国除	
元朔二年至元狩五年（前127～前118年）	广阳郡		国除为广阳郡，新得广望、陆城、薪处、谷丘、樊舆、安国、安险、阿武、州乡
元狩六年至征和四年（前117～前89年）	燕国	前117～前89年，燕刺王刘旦	广阳郡涿县以西南地置涿郡，余地复置燕国
后元元年至后元二年（前88～前87年）	燕国	前88～前87年，燕刺王刘旦	削良乡、文安、安次三县
始元元年元至凤元年（前86～前80年）	燕国	前87～前80年，燕刺王刘旦谋反，国除	益封文安、安次两县
元凤二年至元平元年（前79～前74年）	广阳郡		国除为广阳郡
本始元年至始建国元年（前73～9年）	广阳国	前73～前45年，广阳顷王刘建	置广阳国。割文安、安次属渤海郡。封域仅含蓟、广阳、阴乡、方城四县
		前44～前24年，广阳穆王刘舜	
		前23～前3年，广阳思王刘璜	
		前3～9年，广阳王刘嘉	

（二）国都蓟城

《史记》和《汉书》中对燕国及其都城蓟城的描述为"勃碣都会"[1]。"勃碣都会"这一表述，不仅反映了燕国处于农耕与游牧民族交会地区的重要地理位置，也体现了其作为经济、文化交流中心的繁荣与影响力。

在北京地区战国至秦汉时期的考古学研究中，蓟城考古是研究的焦点之一。考古工作者通过对蓟城城址的调查与发掘，勾勒出了蓟城的大致位置。

1956年，在配合永定河引水工程的过程中，考古工作者在宣武门至和平门一带，发现了150余座战国至西汉时期的水井[2]，这些水井的密集分布，为推断蓟城的具体位置提供了

---

[1]　《史记》卷一百二十九《货殖列传》："夫燕亦勃、碣之间一都会也。南通齐、赵，东北边胡。"见（汉）司马迁：《史记》，中华书局，2013年，第3265页；《汉书》卷二十八下《地理志下》："蓟，南通齐、赵，勃、碣之间一都会也。"见（汉）班固：《汉书》，中华书局，2013年，第1657页。

[2]　北京市文物局考古队：《建国以来北京市考古和文物保护工作》，《文物考古工作三十年（1949～1979）》，文物出版社，1979年，第1～12页。

关键线索。1965 年，在同一地区又发现了 50 余座战国至西汉早期的水井，水井由圆形陶井圈自下而上逐层套叠砌成，进一步强化了该地区与蓟城的联系。

1965 年，北京八宝山附近发掘了一座西晋墓，墓主人为西晋幽州刺史王浚的夫人华芳，其墓志有关于蓟城方位的记载："假葬于燕国蓟城西廿里。"[1] 这是北京地区历代墓志中关于蓟城方位的最早记载，提供了关于该墓葬和燕国蓟城相对位置的信息。墓中同时出土了一把晋代骨尺，通过测量换算可知西晋时期蓟城西墙在今天的位置。由墓地向东约 10 公里，恰好直抵白云观西的会城门，此位置关系可作为广阳国国都蓟城相对位置的参考。

此外，考古工作者在广安门内大街、北线阁、琉璃厂、南新华街、陶然亭、姚家井、白纸坊、牛街，以及西单大木仓一带，均发现了水井的存在[2]。在这些水井密集的南部地区，如陶然亭、天坛、蒲黄榆、宝华里等地点，发现了大量战国至汉代的小型墓葬。特别是 1973 年法源寺附近、1974 年白纸坊附近发现的两处战国墓葬群，以及 1977 年西单路口发现的西汉墓葬[3]，这些发现为战国至西汉时期蓟城的位置提供了考古线索。在中南海至龙潭湖之间，还发现了永定河的故道[4]，这一发现为理解蓟城可能因漯水的洪水泛滥而东部被冲毁提供了新的视角。

综合 20 世纪 50～70 年代的考古发现，可推断蓟城大致在宣武门至和平门一带。因目前考古材料较少，蓟城四至尚不能确定，蓟城南城墙可能在法源寺以北，北城墙可能在西长安街以南。东城墙可能因漯水的洪水泛滥而受损，东汉以后蓟城的位置发生迁移。

尽管已有诸多考古线索，但蓟城的准确位置仍需通过进一步的考古调查与发掘研究工作来确定。这一持续的考古探索过程，不仅将丰富我们对蓟城城市布局与变迁的认识，也将为理解蓟城的社会结构与发展状况提供宝贵的资料。

二、王陵形制

广阳王陵由覆斗形封土、南北两侧斜坡墓道、车马库、墓室组成（图一）。墓室由梓宫、便房、黄肠题凑、内回廊、外回廊组成（图二）。

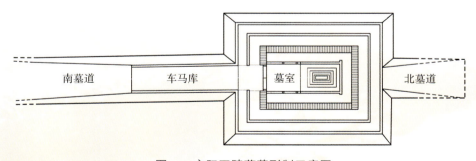

图一　广阳王陵墓葬形制示意图

[1]　北京市文物工作队：《北京西郊西晋王浚妻华芳墓清理简报》，《文物》1965 年第 12 期。

[2]　北京市文物管理处写作小组：《北京地区的古瓦井》，《文物》1972 年第 2 期。

[3]　北京市文物局考古队：《建国以来北京市考古和文物保护工作》，《文物考古工作三十年（1949～1979）》，文物出版社，1979 年，第 1～12 页。

[4]　北京市文物局考古队：《建国以来北京市考古和文物保护工作》，《文物考古工作三十年（1949～1979）》，文物出版社，1979 年，第 1～12 页。

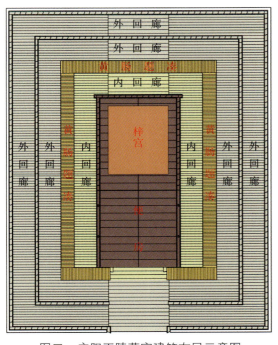

图二 广阳王陵墓室建筑布局示意图

广阳王陵作为西汉诸侯王等级陵墓，其规制遵循汉代黄肠题凑天子葬制，坐北朝南，墓室主体建筑沿南北中轴线对称分布，形成"中"字形平面布局，构成严谨的空间序列。墓室基底平面呈长方形，墓室底部南北长约23米，东西宽约18米。

陵墓的营造工序展现了汉代高级贵族墓葬所特有的建筑工艺体系。首先，在地基工程中，挖掘5米深斗状方形墓坑，并以斜坡方式稳定墓坑四壁；接着，在墓坑底部由下至上依次构筑厚0.5～0.7米白膏泥层和厚0.2米的木炭层，确保隔潮防水。而后，以12条贯通墓室南北的垫木为基，上铺东西向地板，构成墓室地面；竖立扁平立木为墓室四壁；用带树皮的圆木构建墓顶。为营造良好的墓室环境，墙壁与顶部外均使用了木炭层。壁板外侧填充木炭，顶部木炭层则有两层（厚度为0.4～0.7米），中间还包夹着厚约0.4～0.7米白膏泥。这种独特的密封技术，为墓室营造了良好的保存环境，充分彰显了汉代工匠在地下建筑工程领域的卓越智慧。

通过上述一系列精细且复杂的建筑工艺，最终形成了一处规模宏大、结构复杂的木构地下建筑，它不仅是广阳王陵的核心组成部分，更是研究汉代高级贵族墓葬建筑工艺的重要实物例证。

（一）封土

广阳王陵封土，在1974年考古发掘时，地表残存高度约8米，东西宽度约50米，南北长度约90米，考古发掘显示其营建工艺采用分层夯筑技术[1]。通过剖面观察可知，封土具备显著的分层结构特征，单层夯土厚度10～25厘米，夯窝直径4～5厘米，夯筑技术有效保障了封土堆结构的整体稳定性和耐久性（图三）。

在封土南侧，距离封土顶深1米的夯土中，集中出土了20余件汉代夹砂红陶深腹圜底罐。值得注意的是，部分陶罐外壁或内外壁存在烟熏痕迹[2]。根据出土位置判断，这些陶罐

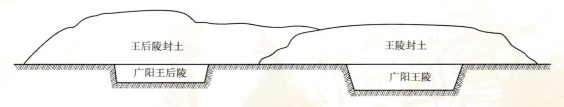

图三 广阳王陵封土示意图

[1] 大葆台汉墓发掘组：《北京大葆台汉墓》，文物出版社，1989年，第5页。
[2] 大葆台汉墓发掘组：《北京大葆台汉墓》，文物出版社，1989年，第5～6页。

可能位于一处在墓葬埋藏过程中具有祭祀坑性质的遗迹中，或与外藏坑存在关联[1]。陶罐的集中埋藏现象及烟熏痕迹，或与特定的丧葬仪式密切相关。这一发现为探讨汉代诸侯王陵墓制度、随葬品功能属性及丧葬礼仪制度提供了线索。

（二）墓道

广阳王陵墓室南、北两侧各设斜坡式墓道。考古发掘时南墓道残存长度 17.3 米，底部宽度 4.25 米，北端与车马库相接。北墓道残存长度 4 米，底部宽度 3.4 米，规模小于南侧墓道[2]。此类斜坡形制墓道在墓室营建过程中发挥重要功能，是土方清运与材料运输的作业通道。从工程技术角度分析，缓坡形制的设计有效降低了人力运输的作业强度。

广阳王陵采用双墓道形制，其中南向墓道为主墓道。这种形制佐证了西汉诸侯王陵墓道的核心功能是工程通道之用，礼制属性、等级属性相较于功能性需求已居于次要地位。目前考古所见的西汉诸侯墓道基本上采用单墓道或双墓道形制，这与西汉帝陵四向墓道制度分级差异明显，充分体现了西汉葬制中的不逾制原则。

广阳王陵双墓道形制，为诸侯王陵墓制度研究提供了实证材料，完善了对广阳王陵墓空间结构的认知体系，从营造技术层面，延伸至丧葬制度研究领域，为探讨西汉时期诸侯王国层面的等级制度运作、中央与地方礼仪规制互动关系等，提供了具有标型意义的考古学样本。

（三）车马库

广阳王陵的车马库位于墓室南侧、南墓道北侧，平面呈长方形。规模较为可观，南北长 16.7 米，东西宽 4.25 米，高 3.7 米。车马库的基础部分，从下往上依次构建了一套严密的密封防潮体系。与墓室防护层相似，车马库东西向地板层建立在白膏泥、木炭、南北向垫木的层累空间之上；墙壁竖立扁平枋木，外侧填充木炭及夯土；顶部采用木板横向封盖。整个车马库以一个椁箱形式被完整保护。

车马库内安置 3 辆彩绘朱斑轮车以及 13 匹殉马，皆为大型实用真车、真马。车舆成南北向排列，车辕全部南向，这一布局形式直观地反映了当时规范严谨的丧葬礼仪制度。

车舆制作工艺精湛，充分展现了汉代工匠的高超技艺与审美意趣。车周身髹黑漆，色泽深沉而庄重。车舆使用的车马器十分精美，有鎏金、错金银以及镶嵌玛瑙、绿松石的工艺，纹饰繁复，装饰华丽，"朱班轮、金华蚤"，为车舆增添了华贵之感。车轮部分更是别具匠心。轮牙外侧髹黑漆，内侧髹红漆，呈现出黑红各半的独特视觉效果。轮辐两端髹 10 厘米长的红漆，轮毂则彩绘红色锯齿纹。鲜艳的红漆与黑色车身形成强烈反差，为整个车轮增添了灵动的气息。车舆上方置有伞盖或车篷，部分栏板处还饰以卷云纹，这些细节之处进一步凸显出车舆的精致与独特。

车马库中的车舆为广阳王生前所乘用。根据《后汉书·舆服志》中的相关记载，车舆名称为"王青盖车"，或"安车""立车"[3]。

---

[1]　刘瑞、刘涛：《西汉诸侯王陵墓制度研究》，中国社会科学出版社，2010年，第228、397页。

[2]　大葆台汉墓发掘组：《北京大葆台汉墓》，文物出版社，1989年，第7页。

[3]　（南朝）范晔：《后汉书》志第二十九《舆服上》，中华书局，2013年，第3644～3647页。

为描述方便，从南至北，将车舆依次编为一号车、二号车、三号车。一号车、二号车在前，车厢扁宽，上有华丽伞盖。三号车在后，形体较大，车厢左右窄，前后长，上有大型车篷。

一号车为单辕双轮车，四马驾驭，车舆较小，易立乘。车舆横宽 1.65 米，进深 0.63 米，高 0.55 米。舆后设敞开式车门，车舆中置长柄伞盖，栏板饰以卷云纹。四马驾驭规格与"天子驾六马，诸侯驾四"的记载相契合，遵循诸侯王用车制度，体现了礼制规范与等级秩序。

二号车为单辕双轮车，四马驾驭，车舆宽大，可安坐，为"驷马安车"。车舆横宽 1.65 米，进深 1.1 米，高 0.89 米。舆后设活动式车门，车舆上有华丽的平顶盖，周围有似窗棂的高栏杆。

三号车为单辕双轮车，两马驾驭，车舆窄长，是带篷的大型车，车篷与二号车顶盖类似，但更大。

广阳王陵车马库之中的三辆车在汉代丧葬仪式中具有特殊意义与用途。根据《仪礼·既夕礼》等儒家经典记载，推断这三辆车分别为"乘车、道车、橐车"[1]。属于先秦至两汉时期一脉相承的魂车，承担着运送逝者衣冠至陵寝的核心功能[2]。

在丧葬仪式中，魂车是极为特殊的存在，其功能为运载逝者灵魂，象征着灵魂所在之处，代表着逝者生前的形象，与运载遗体的柩车具有同等重要地位。在整个丧葬流程里，亡者之魂被视作仍然在世，享受着与生前相仿，甚至更高规格的待遇与荣耀，而魂车正是这一传统观念的重要载体。三辆魂车各司其职，分别装载着承担不同功能的诸侯王衣冠。在行进过程中，魂车仿若承载着诸侯王的灵魂前行。待抵达陵园后，衣冠被郑重地移奉至陵园内的寝殿，此后便在寝殿接受享祭。完成使命的魂车，随葬于陵墓车马库之中。

这三辆车作为广阳王生前用以视朔及朝夕燕饮出入的常用之车，从其制作工艺来看，较为精细考究。无论是车身的结构打造，还是装饰的布置，都体现出了较高的工艺水准与审美追求，以契合墓主生前的身份地位与日常使用需求。

（四）梓宫

梓宫是西汉时期黄肠题凑葬制的核心组成部分，这一称谓原本为天子丧葬用具所专属。唐颜师古在《汉书》注疏里解释道："以梓木为之，亲身之棺也。为天子制，故亦称梓宫。"[3]《风俗通》也提到："宫者，存时所居，缘生事死，因以为名。"[4]天子生前居"宫"，去世后安葬遗体的棺木亦以"宫"命名，体现了生死之间在礼仪制度和文化象征上的延续性与关联性。诸侯王在诸多方面皆效法天子，丧葬制度自不例外。于诸侯王陵内所安置的墓主葬具，亦被冠以"梓宫"之名。

广阳王陵使用两椁三棺，这与"诸侯五重"的棺椁制度相符。营建墓室时，工匠们先将

[1] （汉）郑玄注、（唐）贾公彦疏、王辉整理：《仪礼注疏》卷四十一《既夕礼》，上海古籍出版社，2008年，第1251～1253页。

[2] 高崇文：《西汉诸侯王墓车马殉葬制度探讨》，《文物》1992年第2期；高崇文：《再论西汉诸侯王墓车马殉葬制度》，《考古》2008年第11期。

[3] （汉）班固：《汉书》卷六十八《霍光传》，中华书局，2013年，第2949页。

[4] （南朝）范晔：《后汉书》卷二《显宗孝明帝纪》，中华书局，2013年，第97页。

两椁构件制作完成，然后在墓室内组装搭建好两椁，待下葬之际，再将三棺小心推入椁内。这五重棺椁皆制作精美，结构严密，木板之间全部采用榫卯和扣接的方法进行拼合，充分展现了当时高超的工艺水平。

外椁呈长方形，南北向设置，南侧辟门，门为双扇对开形制。外椁表面髹黑漆，内部髹朱漆，漆色厚重艳丽。长 5.08 米，宽 3.44 米，高 2.7 米，所选用的木材为梓属楸木。

内椁同样呈长方形，南北向布局，南侧辟门且双扇对开，外髹黑漆，内髹朱漆。内椁尺寸为长 3.82 米，宽 2.34 米，高 2.04 米，材质为楠木。值得注意的是，内椁底板上设有 3 条南北向滑板，这一设计旨在减少推棺过程中的阻力。

椁板上凿刻有数字与符号，这些标记具有重要的研究价值。经分析可知，内、外椁的单体部件，从开料、拼合直至髹漆等工序，均是先在墓室外完成制作，而后搬运至墓室内进行组装。《汉书·外戚传》中记载："太后诏曰：因故棺为致椁作冢。"[1] 颜师古为之作注："致，谓累也。"[2] 这表明椁室是在墓室中通过堆垒的方式构建而成。广阳王陵椁室的建造方式与文献记载高度契合。椁上所凿刻的号码及方位符号，显然是为了在组装过程中便于操作，并防止出现部件组装错乱而采取的有效防范措施。

广阳王陵的三重套棺中，外棺外部髹黑漆，内部髹朱漆，其漆色呈现出厚重且光润的质感。外棺长 2.82 米，宽 1.4 米，高 1.4 米，所采用的木材为梓属楸木。中棺同样外部髹黑漆，内部髹朱漆，漆色厚重光润。中棺尺寸为长 2.52 米，宽 1 米，高 1 米，材质选用楠木。内棺髹漆方式异于外棺与中棺，里外皆髹黑漆，漆色厚重光润。内棺长 2.22 米，宽 0.7 米，高 0.7 米，用材同为楠木。

从棺木材质与丧葬制度的关联性角度分析，广阳王的三重套棺可被视作一具"梓宫"。在三重套棺里，外棺以梓木制成，这一材质特征与文献所记载的"梓宫"要义相契合。从墓葬结构布局来看，此三重套棺居于墓室核心位置，这种空间布局进一步暗示其在丧葬礼仪体系中对应"梓宫"的重要地位，体现了当时严格遵循的丧葬礼仪等级制度。

（五）便房

在广阳王陵中，便房作为黄肠题凑葬制的核心功能区，被布设于墓室中央，采用典型的前堂后室布局。前堂是举行祭祀仪式之所，后室则用以安置梓宫。便房外侧由回廊环绕。前堂前、后、左、右各有一门，前门设在南侧题凑木墙中间，前方有过道通往车马库，后门通往后室安置梓宫处，左右两侧门通往内回廊。

便房呈南北走向，长度约 12 米，东西宽度约 5.4 米，高约 3.3 米。便房东、西、北三面皆以大型扁平立木围合构筑，东西两面向南延伸至题凑墙，这些立木紧密排列、衔接有序，构建起一个完整而严谨的空间格局，呈现出仿照生人居室的空间形态，在死后世界延续墓主生前生活，这不仅彰显出西汉时期独特的丧葬规制，更映射出当时的建筑智慧，将文化观念与建筑技艺融合于墓葬营造之中。

便房作为汉代帝陵葬具体系中的核心构成，其地位仅次于安放墓主遗体的梓宫，是体现

[1]（汉）班固：《汉书》卷九十七《外戚传》，中华书局，2013年，第4003页。
[2]（汉）班固：《汉书》卷九十七《外戚传》，中华书局，2013年，第4004页。

墓葬等级制度的重要物质载体。从空间结构来看，这一特殊葬具位于梓宫与黄肠题凑之间，形成"梓宫—便房—黄肠题凑"的三重规制，其使用具有严格的等级限定性，唯帝王陵寝方能具备。就命名意涵而言，"便"字兼具安置与护佑双重含义，"房"则取象于生前居室，二字组合生动诠释了"事死如事生"的丧葬理念。对此，东汉经学家应劭作出精辟阐释："存时所居，缘生事死。"这一论断揭示出汉代丧葬文化的本质特征，通过模拟现实宫室的空间布局与器物陈设，将生者的居住环境完整投射到死后世界，以此构建起贯通阴阳两界的连续性空间叙事。

便房是西汉时期黄肠题凑葬制的重要组成部分。"便房"一词，最早见于《汉书·霍光传》。汉宣帝赐霍光"梓宫、便房、黄肠题凑各一具，枞木外藏椁十五具"[1]。汉成帝新营建的昌陵"因卑为高，积土为山，度便房犹在平地上，客土之中不保幽冥之灵"[2]。汉哀帝为董贤"起冢茔义陵旁，内为便房，刚柏题凑"[3]。东汉经学家服虔解释说："便房，藏中便坐也。"[4]东汉光武帝议郎卫宏所作《汉旧仪》一书，是以记载西汉一代典制为主的重要文献，又称为《汉仪注》《汉仪》等。"卫宏字敬仲，东海人也。光武以为议郎。作《汉旧仪》四篇，以载西京杂事"[5]。三国时期曹魏时人如淳引用了《汉仪注》解释说："天子陵中明中高丈二尺四寸，周二丈，内梓宫，次楩椁，柏黄肠题凑。"[6]唐代经学家颜师古解释说："便房，小曲室也。"[7]

《汉书》中并未描述"便房"的具体形制，对"便房"的认识，众说纷纭，目前来看，至少有九种主要观点[8]。"便房"作为一种建筑实体，其概念范畴远超越了单纯的结构性存

[1] （汉）班固：《汉书》卷六十八《霍光传》，中华书局，2013年，第2948页。

[2] （汉）班固：《汉书》卷七十《陈汤传》，中华书局，2013年，第3024页。

[3] （汉）班固：《汉书》卷九十三《董贤传》，中华书局，2013年，第3734页。

[4] （汉）班固：《汉书》卷六十八《霍光传》，中华书局，2013年，第2949页。

[5] （南朝）范晔：《后汉书》卷七十九《卫宏传》，中华书局，2013年，第2575～2576页。

[6] （汉）班固：《汉书》卷六十八《霍光传》，中华书局，2013年，第2949页。

[7] （汉）班固：《汉书》卷六十八《霍光传》，中华书局，2013年，第2949页。

[8] 一是，便房在墓室的前半部，即前室，墓室分做前后两部分，前半部作为便房，后半部称作椁室，从墓道到梓宫，要穿过便房（鲁琪：《试谈大葆台西汉墓的"梓宫"、"便房"、"黄肠题凑"》，《文物》1977年第6期）。二是，汉初诸侯王墓明堂在前，后寝在明堂后，便房在周围，外藏椁做成外回廊形式，最迟在汉武帝时，部分诸侯王墓凿山为藏，便房做成回廊形式，穿土为圹的，正藏内分明堂、后寝、左右便房，椁外有黄肠题凑（俞伟超：《汉代诸侯王与列侯墓葬的形制分析——兼论"周制"、"汉制"与"晋制"的三阶段性》，《先秦两汉考古学论集》，文物出版社，1985年，第117～124页）。三是，便房是内椁和棺房总称，便房不论其结构怎样变化，最基本的一条应有"曲"字形木结构，称之为异形内椁和棺房（单先进：《西汉"黄肠题凑"葬制初探》，《中国考古学会第三次年会论文集（1981）》，文物出版社，1984年，第238～249页）。四是，"便"非便房之便的本字，而是"楩"的假借字。黄肠题凑葬制的主要特点之一是选材考究并以木材之名命名。黄肠题凑用黄肠木即黄心柏木。枞木外藏椁用枞木即松木。梓宫用梓属楸木，便房也不例外，是用楩木作成并因以名之，"楩"与"便"同韵通假，便房实即楩房（刘德增：《也谈汉代"黄肠题凑"葬制》，《考古》1987年第4期）。五是，广阳王陵后室之东、西、北三面墙与黄肠题凑之间形成一层内回廊结构，平面呈"凹"字形，两端与前室相通。这种内回廊，正居于文献记载的便房位置（大葆台汉墓发掘组：《北京大葆台汉墓》，文物出版社，1989年，第99～100页）。六是，位于墓明中后部，棺椁外围的平面呈方形或长方形的房子，就是便房。已发现的便房地面，一般高出明中地面，两侧面和后面围以木板壁，有顶盖，正面设置双扉木门。便房的功用是放置梓宫，保幽冥之灵（黄展岳：《释"便房"》，《中国文物报》1993年6月20日）。七是，所谓便房，就是墓中用以置棺的简易房室。其云便者，即简单之意（秦建明，赵琴华：《便房初探》，《陕西历史博物馆馆刊》第七辑，三秦出版社，2000年，第293～296页）。八是，黄肠题凑之内的整个椁室即是便房，也称之便椁（高崇文：《释"便椁"、"便房"与"便殿"》，《考古与文物》2010年第3期）。九是，墓圹、墓室之外，羡道旁侧的，一组建多室多功用建筑，为便房（萧亢达：《"便房"新解》，《考古与文物》2010年第3期）。

在，而深入触及了文化层面的广泛内涵。它不仅是一个物理空间，更是一个象征性的文化符号，代表着一种安魂的场所，与古代魂魄观念及礼仪空间的构建有着不可分割的联系。在对"便房"进行学术探讨时，研究视角不应局限于其物理形态与结构特征，而应拓展至其在汉代社会精神文化层面的深层意义。具体而言，研究应深入剖析"便房"如何成为逝者灵魂的栖息之所，以及它在汉代社会中如何体现对死亡、灵魂及永恒安宁的认知和文化表达。通过对"便房"的多维度解读，可以揭示汉代社会对于生命终结后精神世界的理解与构建，以及这一概念如何在社会文化实践中得以体现和传承。

（六）黄肠题凑

黄肠题凑，位于内回廊与外回廊之间，平面布局呈长方形，采用长条形枋木构建，枋木端头皆向内排列，层层累砌，堆垒而成木墙。黄肠题凑的南北长度为 15.7 米，东西宽度为 10.8 米，高度约为 2.7 米。部分枋木至今坚硬如新，色泽呈现出深沉的棕褐色，而有些枋木的表面还保留着一层树脂油。构成题凑的枋木，通常长度为 90 厘米，宽度和高度均为 10 厘米。此外，也有少量黄肠木的尺寸并不统一。黄肠木的加工通常非常规整且平直，表面经过精心打磨，呈现出光滑的质感。根据现有的高度推算，整个题凑使用了尺寸为 90 厘米 ×10 厘米 ×10 厘米的黄肠木，需要 15000 余根 [1]。

三国时期魏国学者苏林对"黄肠题凑"做出解释，即"以柏木黄心致累棺外，故曰黄肠。木头皆内向，故曰题凑" [2]。这与广阳王陵的考古发现精准吻合。通过对黄肠题凑木材的鉴定，确认使用的正是侧柏，与苏林的描述完全一致。至此，"黄肠题凑"这一专业术语不仅在文献上得到了支持，而且在广阳王陵的考古发掘中得到了实物证据的印证。据《汉仪注》载："天子陵中明中高丈二尺四寸，周二丈，内梓宫，次楩椁，柏黄肠题凑。" [3] 由此我们可以了解到，"黄肠题凑"这种葬制主要由以下几个部分组成：首先是"梓宫"，即棺椁；其次是"便房"，即棺椁周围的附属结构；接着是"黄肠题凑"，即用柏木制成的框架结构；最后是"外臧椁"，即存放随葬品的椁箱。这种葬制体现了古代帝王陵墓及高等级贵族墓的复杂性和对死后世界的重视。

在探讨黄肠题凑葬制及其所蕴含的政治与文化深意时，西汉重臣霍光的丧葬仪式为我们提供了一个极具价值的实例 [4]。"黄肠题凑"这一晦涩难懂的专业术语，其历史渊源可追溯至《汉书·霍光传》。而黄肠题凑的实物例证，首次在广阳王陵中被发现，为后世提供了直观且珍贵的实证材料。霍光，作为西汉时期的鼎足之臣，其葬礼的规格不仅彰显了个人无上的荣耀，更是皇权对其卓越功绩的高度认可与颂扬。霍光辞世后，汉宣帝与皇太后亲临丧礼。霍光葬礼中的赏赐之物，"梓宫、便房、黄肠题凑各一具，枞木外臧椁十五具"通过对霍光葬礼的分析，我们能够一窥汉代高级贵族葬礼的繁复，以及这些葬礼在政治与文化层面上的重要地位。

[1] 大葆台汉墓发掘组：《北京大葆台汉墓》，文物出版社，1989年，第99页。
[2] （汉）班固：《汉书》卷六十八《霍光传》，中华书局，2013年，第2949页。
[3] （汉）班固：《汉书》卷六十八《霍光传》，中华书局，2013年，第2949页。
[4] （汉）班固：《汉书》卷六十八《霍光传》，中华书局，2013年，第2948页。

（七）内回廊

内回廊位于黄肠题凑内侧，环绕便房，由黄肠题凑木墙与便房板墙围合构成。内回廊宽约 1.6 米，高约 3 米。

（八）外回廊

外回廊位于黄肠题凑外侧，环绕其四周。外回廊中部设有一道木墙，将其分为内外两层，通过空间分隔形成相对独立的两部分，构成双层外回廊结构。外回廊整体总宽度约 3.6 米，高约 3 米。

三、多元价值

（一）北京地区汉代文明的重要标识

文明是特定历史阶段人类创造的物质财富与精神成果的有机整体，集中反映了社会发展的综合水平。在西汉郡国并行制下，作为封国君主的广阳王，其陵寝是封国范围内等级最高的墓葬。在"掌治其国"的行政赋权下，广阳国构建了"宫室百官，同制京师"政治体系，形成独立的社会资源调度能力，王陵内部的埋藏情形实则构成了汉代文明的缩影。从以粟作农业为代表的农耕文明，以黄肠题凑、玉衣、车马殉葬为代表的礼乐文明，以青铜冶铸、铁器制造、玉器加工、漆器制作、纺织技术为代表的手工业体系，以祥禽瑞兽为代表的祥瑞文化、神仙信仰等多个维度，立体化重构了汉代文明的历史图景。

谷物种植作为农业的核心组成部分，汉代谷物种植业的发展，不仅推动了农业整体兴盛，更为社会经济繁荣奠定了基础。广阳王陵考古发现的粟类遗存表明，粟作经济构成了当时北京地区农业的基础形态。在粮食生产发展的同时，经济作物栽培也取得显著进步，以板栗为代表的经济作物已成为主要栽培对象。秦汉时期燕地有鱼盐枣栗之饶，其板栗种植不仅规模可观，更以品质优良著称。这种经济作物的专业化生产，既满足了社会多元化需求，也体现了古代社会分工的深化发展，标志着燕地农业生产体系的完善。

西汉时期手工业技术达到空前高度。广阳王陵出土的铜器、铁器、玉器、漆器、陶器、纺织品等文物，涵盖生产工具、生活器具、礼仪用品等多个领域，其精湛的制作工艺与完整的品类结构，直观展现了当时冶金铸造、机械加工、纺织印染等科学技术的发达水平。汉武帝时期为实行盐铁官营，在各地设置铁官，产铁的渔阳郡就有专门的"渔"字铁官。广阳王陵出土的"渔"字铁斧既是汉代冶铁技术进步的重要实物资料，也是汉代盐铁官营制度的有力见证，反映了我国古代国家税收政策与经济制度的重要变迁。绛紫绢地刺绣，每平方厘米密度 46 根 ×28 根，厚度仅 0.18 毫米，轻薄而不失质感。通过科学检测可知，刺绣残片绢地的紫红色为西汉时期蓼蓝与栀子套染而成。它证明了当时在颜色调配、运用上已相当纯熟，代表了汉代印染技术水平的提高。

广阳王陵器物纹样包含众多祥禽瑞兽形象，生动体现了西汉祥瑞文化。这些祥禽瑞兽的出现，源于汉代祥瑞文化的兴盛，它们不仅直观反映了时人趋吉避凶的精神诉求，更通过神仙信仰的视觉化表达，构建起沟通人神两界的象征体系。同时，在以祥瑞证天命的政治语境中，这些意象还被用作帝王德政的舆论工具。其承载的吉祥观念持续影响后世，成为中国传统吉祥文化的重要源头。

（二）黄肠题凑天子葬制的标准实例

关于汉代诸侯王等高级贵族葬制的认知突破，1974 年北京大葆台西汉广阳王陵的考古发掘具有划时代意义。在本次发掘之前，学术界对《汉书·霍光传》所载"黄肠题凑"的认知尚处于文献考据阶段，相关研究多局限于诸多经学家的注释性解读，缺乏实物证据支撑。这一学术困境因大葆台广阳王陵的系统发掘得以根本性突破。广阳王陵完整呈现了"梓宫、便房、黄肠题凑"的复合葬制结构。其中，"黄肠题凑"以 15880 根截面 10 厘米 × 10 厘米的柏木枋构筑，形成规整的题凑墙，木枋端头统一朝向椁室，完美印证了"以柏木黄心致累棺外，故曰黄肠。木头皆内向，故曰题凑"的经典注释。这一发现首次将文献中记载的"黄肠题凑"葬制转化为具体可见的考古实物。另一方面，对"黄肠题凑"葬制的考古学认知，正是从广阳王陵开始的 [1]。在考古学领域，任何能为理解古代文明提供新视角或新证据的重大发现，都可被视作该研究领域的里程碑，广阳王陵的发现即是如此。广阳王陵黄肠题凑从结构特征角度有力论证了其作为天子葬制实例的规范性与典型性，这让它在众多考古发现中脱颖而出，成为理解和界定黄肠题凑天子葬制的核心依据。此后各地陆续发现十余座黄肠题凑墓，虽存在地域性差异，但皆以大葆台西汉广阳王陵的黄肠题凑为其研究的重要参照。

黄肠题凑葬制作为"天子之制"，本质上与皇权紧密相连，是汉代高等级身份的象征。广阳王陵的黄肠题凑严格遵循等级规制，从柏木枋选材到堆砌方式，均与文献记载及葬制规范高度契合，是西汉礼制体系在丧葬领域的直观体现，具有极强的身份标识性与排他性，唯有天子特许方可使用，深刻体现了西汉社会以宗法血缘为基础、以皇权为核心的政治权力结构与等级秩序。通过广阳王陵的黄肠题凑实例，能够洞察西汉时期的礼仪制度架构，以及该葬制在维护社会秩序、巩固统治阶层地位方面所发挥的关键作用。西汉重臣霍光葬礼相关记载所体现出的黄肠题凑葬制的政治与文化深意，也从侧面印证了广阳王陵的重要性。霍光葬礼规格之高、政治意义之重以及对黄肠题凑葬制的遵循与彰显，反映出当时社会对于这一葬制的尊崇以及其背后所蕴含的皇权、政治地位等多方面内涵。广阳王陵在葬制规格与政治象征层面与霍光葬礼形成呼应，同样承载着相应的政治文化信息，共同为深入解读黄肠题凑天子葬制在西汉时期的意义、功能与价值提供了丰富且多元的视角与例证。

总之，大葆台西汉广阳王陵的考古发现，不仅解决了黄肠题凑葬制的物质形态认知问题，更构建了汉代诸侯王葬制研究的基准坐标系，其学术价值已超越单纯的葬具研究范畴。

---

[1] 鲁琪：《试谈大葆台西汉墓的"梓宫"、"便房"、"黄肠题凑"》，《文物》1977年第6期。尤振尧：《"黄肠题凑"葬制的探讨》，《南京博物院集刊》1982年第4期。单先进：《西汉"黄肠题凑"葬制初探》，《中国考古学会第三次年会论文集（1981）》，文物出版社，1984年。刘德增：《也谈汉代"黄肠题凑"葬制》，《考古》1987年第4期。刘振东：《题凑与黄肠题凑》，《新世纪的中国考古学——王仲殊先生八十华诞纪念论文集》，科学出版社，2005年。高崇文：《西汉"黄肠题凑"葬制再研究——以北京大葆台汉墓为中心》，《汉代文明国际学术研讨会论文集》，北京燕山出版社，2009年。

（三）西汉车马制度演变的实物例证

西汉诸侯王墓作为丧葬制度的重要载体，其陪葬车马制度集中体现了汉代社会的等级秩序与礼制规范。广阳王陵作为西汉中晚期诸侯王陵的典型代表，其出土的三辆真车马为研究西汉车马制度演变提供了关键实物例证。西汉车马制度经历了从汉初的不甚规范，到中期的发展成熟，直至西汉晚期的逐渐消亡三个发展阶段。广阳王陵三辆真车马配置的车马制度体现了西汉中期丧葬制度的显著特征，既有别于东汉时期所确立的舆服制度，又有着先秦制度的传承发展，印证了车马制度发展的重要历程。

广阳王陵出土的三辆真车马与文献中记载的"魂车"制度高度契合。文献中乘车、道车、槁车的组合对应墓主生前不同场合的服饰与礼仪。这种实物与文献的互证，揭示了西汉车马制度不仅是交通工具的罗列，更是沟通生死、维系等级的文化符号。在西汉丧葬等级体系中，真车马殉葬等级指向性鲜明，大型实用真车马的陪葬为诸侯王一级所特有，彰显着独特的身份地位与等级标识。诸侯王生前享有特权，死后通过真车马陪葬强化身份标识，这是维护封建等级秩序的丧葬实践。

西汉诸侯王墓用真车马殉葬历经前期不普遍、中期盛行至晚期消亡，殉车多为三辆，对广阳王陵车马制度的研究，有助于深入理解西汉车马制度的内涵，为探究西汉社会全貌提供坚实考古学依据，充分表明广阳王陵是西汉陪葬车马制度演变的实物例证，承载着西汉时期车马制度演变的厚重历史信息与文化脉络。

（四）北京千年古都演进的关键坐标

广阳王陵作为西汉时期蓟城政治地位的象征，其高规格建制印证了蓟城作为"勃碣都会"时所承载的区域中心职能。墓葬采用天子葬制，不仅彰显墓主身份，更折射出蓟城作为封国都城的资源整合能力。唯有掌握区域统治核心权力的城市，方能动员人力物力完成如此宏大的工程。

汉代蓟城在政治上继承了先秦时期燕国蓟城的部分政治遗产，并在新的历史环境下得到进一步发展。蓟城作为汉代北方的重要城市，成为中央政权治理北方地区的关键据点。其政治影响力辐射范围涵盖了现今北京及周边的广大区域，在维护边疆稳定、处理民族关系等方面发挥着不可或缺的作用。在多元文化的交流与融合进程中，蓟城于战国时期作为"燕文化"的核心区域，及至汉代，区域性的"燕文化"逐渐融入西汉王朝主导的"汉文化"，蓟城成为"汉文化"的重要地域中心。西汉时期所形成的"汉文化"，是以统一多民族的中央集权帝国为政治载体，以儒家思想为内核，以汉字为文化载体的文化体系。蓟城凭借其"南控中原、北连朔漠"的地理位置，成为多元文化交流与融合的关键场所。

汉代时，中原农业文明与北方游牧文明在蓟城汇聚。一方面，中原地区先进的儒家文化、礼仪制度等在蓟城得以传播与推广，深刻影响了当地社会的思想观念与道德规范。另一方面，北方游牧民族的文化元素，如生活习俗、音乐舞蹈等也融入蓟城的文化生活之中。这种多元文化的交流与融合，丰富了北京古都文化的内涵，使其呈现出开放性与包容性的特征，成为北京古都文化持续发展壮大的重要动力源泉。

汉代蓟城作为北京地区早期具有重要影响力的城市实体，在政治格局、经济脉络、文化传承、对外交流等多维度上，成为北京千年古都文化演进历程中的关键坐标。从城市发展脉络来看，汉代蓟城处于先秦方国都城向汉唐北方重镇直至元明清王朝首都转变的关键节点，这一阶段承上启下，在整个北京城市发展史上占据重要地位。它开创了大一统王朝下区域中心的城市格局，为后来大国都城的发展奠定了基础。北京有着三千多年的建城史和八百多年的建都史，不同朝代的都城文化在这里传承和积累。广阳王陵作为蓟城最重要的文化遗存，正是这种发展连续性的物质见证。从区域中心地位的奠定，到经济文化的繁荣交流，汉代蓟城的特点，在一定程度上为后世北京成为国家都城积累了文化底蕴和物质基础，体现了北京古都文化的传承脉络。

（五）北京考古遗址保护的典范之作

广阳王陵在发掘之初即确立了原址保护的原则，完整保留车马库及黄肠题凑等关键遗存，这一做法成为我国考古遗址保护的标杆案例。1974 年，大葆台汉墓（广阳王陵）发掘工作启动，沉睡两千余年的历史遗迹被揭开神秘面纱。同年，发掘领导小组经过深入研讨，明确提出对一号墓实施原址保护的意见。1975 年，发掘工作落下帷幕，遗址博物馆的筹建工作开始推进。1983 年，北京市大葆台西汉墓博物馆正式向公众开放，成为我国首座汉代遗址博物馆，也是首座建立在汉代诸侯王陵遗址上的专题博物馆。这一创举突破了传统博物馆以可移动文物为核心的展示方式，将考古遗址本体作为核心展品，开创了考古遗址博物馆建设路径，其建设模式与经验为其他省市的汉代考古遗址博物馆建设提供了极具价值的范例，成为我国汉代遗址类博物馆建设的典范之作。

进入新时代，随着北京市全国文化中心与博物馆之城建设的推进，广阳王陵的文化价值持续凸显。2021 年大葆台汉墓入选"百年百大考古发现"，显示了该遗址在汉代文明研究中的重要地位。2023 年，大葆台西汉墓遗址保护及博物馆改建工程正式启动。工程遵循"整体保护、最小干预"原则，对已运营 40 年的场馆进行全面系统性升级。通过重构展陈体系、运用现代科技手段，多维度呈现汉代文明风貌。同时，增设考古体验区、沉浸式体验空间、教育活动场所等新型功能区，以提升公众服务能力。

2025 年，北京考古遗址博物馆将着力构建多维立体的考古遗址保护体系。通过整合考古调查、文物保护、学术研究、展览陈列、公众教育、文创开发等多元功能，致力于推动大葆台遗址成为覆盖北京、辐射京津冀、影响更广区域的汉代文明研究展示中心。50 年来，广阳王陵从单纯的考古发掘对象，已经逐步转变为向大众传播历史文化知识、展现汉代文明的重要平台。通过打造集保护、研究、展示、教育、体验于一体的考古遗址博物馆，大葆台遗址既赓续了以往的保护传统，又以创新实践诠释了文化遗产的当代生命力，彰显了首都文博事业在创新发展中的使命担当，更是北京推动全国文化中心建设、传承中华文明根脉的生动实践。

大葆台遗址发掘

　　1974～1975 年在北京市南郊发掘的汉代王陵，是一次举北京之力的科学发掘。党和政府的高度重视、考古学家的尽心竭力，使得该墓出土了 1000 多件珍贵文物，保存完好的黄肠题凑墓也首现真容。北京大葆台西汉广阳王陵的发掘与保护在中国考古学史上留下了浓墨重彩的一笔。

发掘前的封土外景

广阳王陵一号墓未揭顶前的发掘现场

广阳王陵一号墓墓室及金代砖井

广阳王陵一号墓西北角的黄肠题凑

广阳王陵二号墓墓室未发掘前全景

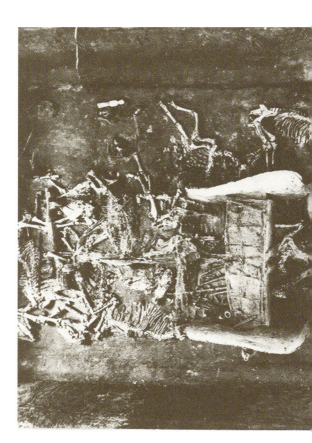

棺板上的玉璧、龙首玉枕

广阳王陵一号墓墓道内埋葬的车马全景

汉代是多元一体中华文明繁荣发展的关键时期，为中华民族绵延千年的繁荣昌盛奠定了坚实根基。

北京大葆台遗址的发现，让世人第一次看见「黄肠题凑」的真容，司马迁笔下「勃碣都会」的幽燕华章也得以再现。鉴汉盛世之创造力内蕴其中。铺首威凛，美玉无瑕，尽显汉家金、镶嵌之工，巧夺天机；透雕、彩绘之法，优美飘逸，大

子弟昂扬进取之气象；良弓宝戟，坚甲锐兵，同铸幽燕儿郎戍守家国之壮志。

让我们穿过岁月的帷幔，领略大汉文明的非凡魅力，探寻中华文明的源远流长。

第一部分 北土汉邦

周武王封召公于北燕，所辖之疆域被后世称为「燕地」。秦皇一统，以燕国故土置郡县。汉承秦制，高祖兼取分封、郡县之长，创「郡国并行」之制，诸侯国「宫室百官，制同京师」。西汉时期先后于幽燕之地分封燕国与广阳国。

漆盒残底

直径 11.1 厘米

北京市丰台区大葆台西汉广阳王陵一号墓出土

　　夹纻胎，圆形，髹朱漆。中间竖行针刻汉隶"宜官廿四年五月丙辰丞告……"。这件漆盒是大葆台西汉广阳王陵出土的唯一有明确纪年的宝贵实物资料，也是确定墓主人身份最直接的证据。

五铢钱

直径 2.5 厘米

北京市丰台区大葆台西汉广阳王陵一号墓出土

　　五铢钱初铸于汉武帝元狩五年（前 118 年），面文"五铢"二篆字，重如其文，是以重量作为货币单位的钱币。五铢钱轻重适中，合乎古代的社会经济发展状况与价格水平对货币单位的要求。大葆台西汉广阳王陵出土的五铢钱以武帝、昭帝和宣帝时期为主，为确定墓主人的身份提供了依据。

彩绘云气纹陶壶

口径 20.3 厘米，腹径 39 厘米，底径 21 厘米，高 53 厘米

北京市石景山区老山汉墓出土

　　泥质灰陶。侈口，平折沿，长束颈，溜肩，圆鼓腹，折曲状高圈足，腹部两侧对称贴塑铺首衔环。陶壶颈部环饰三角纹带，三角空间内勾勒云气纹，流云舒卷间似有仙气氤氲。上腹部贴塑的兽面铺首衔环，更强化了威严之感。肩、腹部各饰宽带纹一周，将纹饰空间巧妙分割。宽带纹之间满布菱格纹，其间以圆环纹、弧线纹错落填充，形成几何韵律之美。下腹至圈足处未绘制纹饰。

彩绘云气纹陶壶

口径 21 厘米，腹径 37.8 厘米，底径 20.4 厘米，通高 64.3 厘米

北京市石景山区老山汉墓出土

　　泥质灰陶。侈口，平折沿，长束颈，溜肩，圆鼓腹，折曲状
高圈足，有博山盖，腹部两侧对称贴塑铺首衔环。

彩绘云气纹陶壶

口径 21 厘米，腹径 37.2 厘米，底径 21 厘米，通高 63.5 厘米

北京市石景山区老山汉墓出土

　　泥质灰陶。侈口，平折沿，长束颈，溜肩，圆鼓腹，折曲状高圈足，有博山盖，腹部两侧对称贴塑铺首衔环。

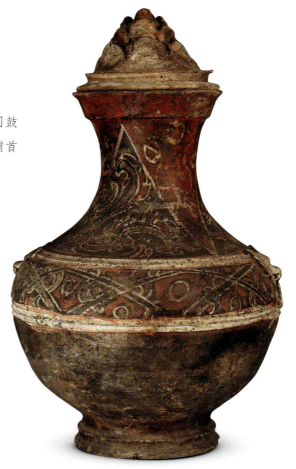

彩绘云气纹陶钫

口径 14.6 厘米，腹径 26 厘米，底径 15 厘米，通高 51.5 厘米

北京市石景山区老山汉墓出土

　　泥质灰陶。整体呈方形，方口，束颈，鼓腹，方形高圈足。上腹两侧对称贴塑铺首衔环，带博山盖。方口处施红彩，颈部至腹部施黑彩，形成庄重的色彩基调。颈、腹部各饰白色弦纹一周，将纹饰空间进行分割。纹饰集中于颈部与腹部弦纹区间，以白彩勾勒三角纹，其内满填云气纹。下腹部至方圈足区域保持素面，未绘制纹饰。

彩绘陶盆

口径 21.5 厘米，腹径 21 厘米，底径 10.5 厘米，高 10 厘米

北京市石景山区老山汉墓出土

　　泥质红陶。盆呈圆形，敞口，弧腹，平底，矮圈足。表面以红、白色彩绘制云纹，纹样以花瓣式构图均匀排布，线条收放自如，富有韵律之美。"盆"通作"碗"，属食器。

鎏金铜铺首

长 24.6 厘米，宽 19.9 厘米

北京市丰台区大葆台西汉广阳王陵一号墓出土

　　铜质，鎏金。铺首为龙首造型，头戴博山冠，冠饰以神木灵草。双角竖起，角端分叉，下有双耳，以卷云纹装饰。面部特征鲜明，双目圆睁，眉毛上扬，面颊微鼓，长鼻耸立，阔口大张，利齿毕现。背面有一长扁平插钉，上有一孔，用于固定。铺首整体造型威猛粗犷，雄浑有力，鎏金灿烂。铺首原有衔环，出土时长鼻下方的圆环缺失。铺首是一种装饰构件，主要附着于门户或器物上，通常以兽首衔环的形式出现。它不仅给人一种狞厉之美与无限的神秘感，而且集装饰与实用于一身，映射出西汉时期的文化风貌和社会风尚。它承载着历史的厚重，更以其夸张与变形的独特艺术风格，展现了西汉时期的艺术特色，彰显了中国传统文化的深厚底蕴和独特魅力。

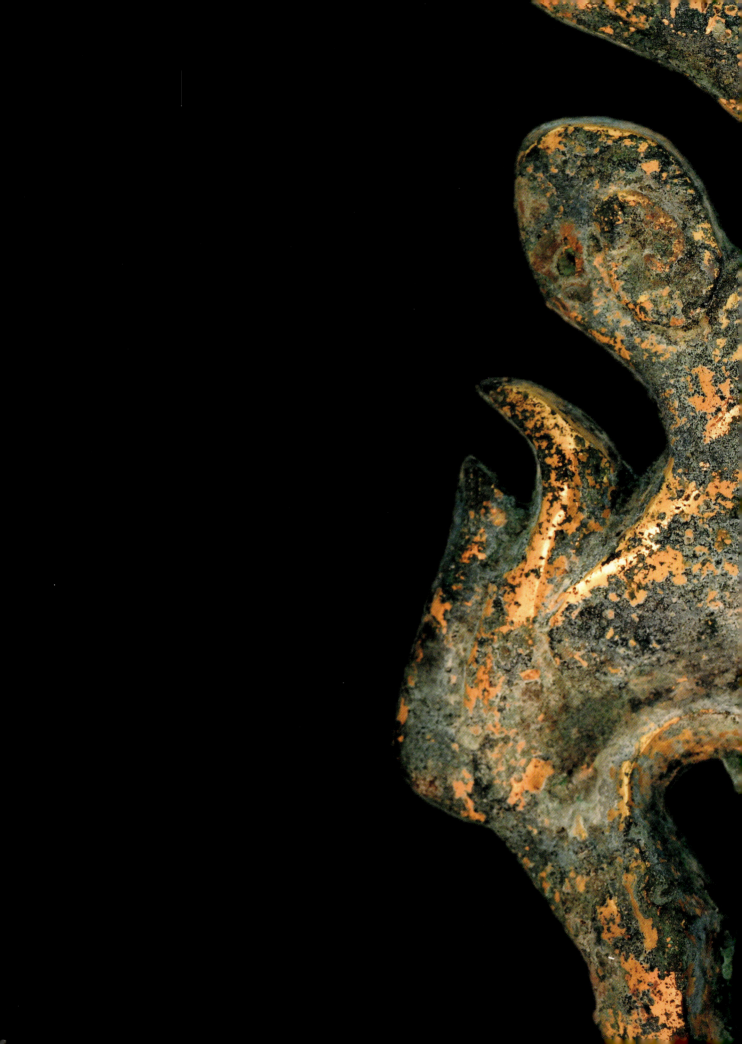

龙凤纹韘形佩

外径 9.3 厘米，内径 4 厘米，厚 0.4 厘米
北京市丰台区大葆台西汉广阳王陵一号墓出土

　　白玉质，带有褐色沁斑。双面雕刻，圆孔处上尖下圆，呈韘形，两侧透雕龙凤纹，龙身蜿蜒，凤首高昂，栩栩如生。其上阴刻云气纹，内外边缘处又雕弦纹一周，龙凤形态纹样错落其间，更添美感。玉佩纹饰简洁脱俗，内蕴变化，纹饰间巧妙组合，为研究北京地区汉代出土玉器纹样提供了极有价值的实物资料。更为重要的是，在外形设计上，璧与韘的巧妙结合尤为引人注目，这种独特的设计在韘形佩中极为罕见，是已知汉代出土玉器中的孤品，对我国汉代韘形佩的研究弥足珍贵，不仅彰显了汉代工匠精湛的玉雕技艺，更以精致的纹样展现出无与伦比的艺术魅力。

鸡血红缠丝玛瑙

长 6.1 厘米，宽 4.6 厘米，厚 1.1 厘米

北京市丰台区大葆台西汉广阳王陵一号墓出土

　　玛瑙经过精心琢磨，光滑平整，鸡血红花纹跃然其上，色彩鲜艳夺目。纹理丰富，白色、红色、褐色丝带交织缠绕，或宽如带，或细如丝，自然天成，美轮美奂，尽显其高贵典雅之韵。其坚硬的质地与绚丽的色彩交相辉映，深受西汉贵族阶层的喜爱与追捧。

竹简

长 20.6 厘米，宽 0.7 厘米，厚 0.2 厘米

北京市丰台区大葆台西汉广阳王陵一号墓出土

　　竹简墨书汉隶"樵中格吴子孟"六字。"樵中格"是一聚落名称，相当于现在的"樵中村"。"格"与"村落"同义，是汉代对一种聚落形态的称呼。"吴子孟"为人名，简文记载的是其居住地信息。这枚竹简或是记录制作黄肠题凑工匠的相关名册。此简提供了汉代聚落自名的证据，有助于深入理解汉代社会结构和文化特征。不仅丰富了我们对汉代文字、语言的认识，而且对于研究汉代的社会制度、经济活动以及人们的日常生活都有重要的参考价值。

铜箭镞

长 3.6 厘米，宽 1.4 厘米

北京市丰台区大葆台西汉广阳王陵一号墓出土

　　铜质。三棱形。箭镞前端尖锐部分称为"末"，其镞脊后端与铤的连接处则为"关"，"关"后紧接着的圆棍部分则是"铤"。镞末尖锐，刃部锋利，镞刃向外突出，棱面微微鼓起，增强了箭镞的穿透力和稳定性。镞刃的末端向内收缩，与镞关紧密相连，形成一个坚实的接合点。镞关呈圆形，其下方连接着镞铤，箭镞整体结构坚固锋利。

鎏金铜镦

长 13.7 厘米，厚 2.5 厘米

北京市丰台区大葆台西汉广阳王陵一号墓出土

　　铜质，鎏金。长筒状。腰部饰有三道凸弦纹。镦是古代矛、戟、戈等长柄兵器木杆底端的金属套件，套于柲（即兵器的木柄）下端，起加固和装饰作用。其设计简洁实用，多数镦表面朴素，也有部分鎏金或带有精美纹饰，兼具实用与装饰双重属性。

铁戟

长 32.2～34.9 厘米，宽 10.7～12.5 厘米，柄长 6～7.8 厘米

北京市丰台区大葆台西汉广阳王陵一号墓出土

　　铁质。通体扁平，长刺锋部呈三角形。戟的横枝与长刺相垂直，横出的戟枝锋部残缺。刺与横枝相接的部位形成直角，呈现出汉代常见的"卜"字形戟的特征。刺与横枝的外部均被漆鞘所包裹。刺鞘的前端嵌有鎏金铜套。在刺与横枝相交之处，装有一铜柲，铜柲中空呈圆形，其内原本装有的木柄已残损。铁戟发现于车马库前端两侧，其位置与装饰均符合作为仪仗兵器的规格，应作仪仗之用。

错金银八棱柲

长 49.6 厘米，径 3.3 厘米

北京市丰台区大葆台西汉广阳王陵一号墓出土

　　铁质内芯，外包铜皮，顶端和柄端包银。八棱柱形，周身错菱形纹和涡纹。柄端铁芯外嵌金箔一周，金箔两侧以绳缠绕。该器物无尖无刃，仅有八棱，为"柲"一类的兵器。该器物出土于大葆台西汉广阳王陵一号墓内棺盖板上面，为研究棺上置物的汉代丧葬礼俗提供了实物资料。在棺上放置兵器，具有祭祀的作用，同时也可显示墓主人的社会地位。这件兵器设计精巧，制作工艺高超，是汉代铜兵器中不可多得的珍品。

渔字铁斧

长 10.6 厘米，顶宽 6.7 厘米，刃宽 7.5 厘米

北京市丰台区大葆台西汉广阳王陵一号墓出土

　　铁质。梯形，顶部有长方形直銎，可装柄，銎部铸有两圈凸棱，由銎部至刃部逐渐扩展，刃部扁平。斧面光洁呈暗红色，一面铸有微微凸起的"渔"字，字体模糊不清。采用范铸技术，斧身两侧有明显的合范铸缝。西汉时期，为了加强朝廷对社会经济的控制，汉武帝时开始在全国各地设盐铁官，把制盐、冶铁等经营权收归国有，实行盐铁官营、专卖。管理冶铁事业的机构，称为铁官。产铁的渔阳郡设置了铁官，铁官作坊标志为"渔"。"渔"字标记说明这件铁斧为汉代渔阳郡铁官作坊的产品，这是该郡产品首次出土，为研究西汉冶铁史提供了珍贵的实物资料。

第二部分

长乐未央

汉代社会历经休养生息，经济不断恢复发展。

广阳国所在的幽燕地区，襟山带海，形胜之地；渔盐饶裕，枣栗丰盈。万家之城，亩钟之田；百工竞巧，商贾辐辏，蓟城成为富冠海内的天下名都。充裕的物质基础，促进了礼乐文明的发展，社会生活随之丰富多彩。

广阳王的礼乐飨宴与玉饰服章，彰显了西汉时期「长乐未央」的盛世图景。

礼乐飨宴

　　民以食为天，在物产日益丰富的汉代，饮食早已超越简单的生存需求，升华为独特的文化符号。"饮食而无礼则争"，宴饮之中有礼仪。作为大汉诸侯王，王宫宴席上陈设精巧、富丽堂皇，雕盘绮食、佳肴美馔，琴瑟相和、六博助兴，处处体现着广阳王的尊贵身份与西汉社会经济文化繁盛的气象。

板栗

北京市丰台区大葆台西汉广阳王陵一号墓出土

　　出土时仅剩空壳，为山毛榉科板栗属。板栗原产于中国，是我国的特产树种。栗子果不仅香甜味美可食用，亦可入药，栗壳在古代也被用作提炼棕色着色剂。早在新石器时代，人们就以板栗为食。到了秦汉时期，栗树种植已相当广泛，其中燕地尤盛。

粟

北京市丰台区大葆台西汉广阳王陵一号墓出土

　　粟，俗称小米，未脱壳时叫谷子，脱壳后的籽粒即小米。粟耐旱，主要种植于北方地区，是中国古代重要的粮食作物。粟起源于黄河流域，距今约一万年前就已被驯化种植，是农业文明的重要标志。大葆台西汉广阳王陵粟类遗存表明，旱作农业体系下的粟作经济构成当时北京地区农业基本形态，成为理解中国北方农业文明演进的重要线索。

枣核

北京市丰台区大葆台西汉广阳王陵二号墓出土

　　出土时仅剩枣核。据《史记·货殖列传》载："夫燕亦勃、碣之间一都会也。南通齐、赵，东北边胡。……有鱼盐枣栗之饶。"足见汉代北京地区枣是常见物产。而枣核作为墓葬遗存，既印证了文献中汉代北京"枣饶"的记载，也成为解码当时农业生产、饮食文化与地域生态的关键物证。

龙鹤鱼纹中柱盆

口径 71.2 厘米，高 19.2 厘米

北京市丰台区大葆台西汉广阳王陵二号墓出土

　　泥质红陶。其口沿平折，腹部内弧，底部呈圜底状。内底中央凸起一中空圆柱，柱面饰以网格纹。口沿处装饰有三角曲线纹，内壁环绕一周涡纹，涡纹下方刻画飞龙、仙鹤及游鱼，形态生动，栩栩如生。内底饰一周三角曲线纹，并饰有龙、鹤、鱼纹。整件器物纹饰动静相宜，繁而不乱，既显灵动之美，又具秩序之韵。中柱盆因盆形器内底竖立一空心或实心的中柱而得名。目前学界关于这种器物的用途争议颇多，大致有盛水器、酿酒蒸馏器、蒸煮用器、温食用器、防虫蚀用器、熏炉盛盘、灯具底座、器盖等说法。

陶罐

口径 22 厘米，腹径 36.5 厘米，底径 16.6 厘米，高 33.2 厘米

北京市丰台区大葆台西汉广阳王陵一号墓出土

泥质灰陶，胎体坚实。敞口，鼓腹，平底微内凹。底饰绳纹。轮制。汉代的陶罐常用于盛装粮食、酒水等，是常见的生活用具。

陶盆

口径 61 厘米，高 21.5 厘米

北京市丰台区大葆台西汉广阳王陵一号墓出土

　　泥质灰陶，胎体坚实。大口，沿外折，壁直微内弧，圜底。外施黑衣，内外壁均饰有弦纹。轮制。陶盆是汉代常见的生活用具。

深腹陶盆

口径 42 厘米，腹径 32.2 厘米，底径 18.3 厘米，高 24 厘米

北京市丰台区大葆台西汉广阳王陵一号墓出土

　　泥质灰陶。口沿外折微卷，深腹，壁斜直，平底。腹下部饰有绳纹。

黑衣方口瓮

口长 25.7 厘米，口宽 25.5 厘米，腹径 50 厘米，高 55.5 厘米

北京市丰台区大葆台西汉广阳王陵一号墓出土

　　泥质灰陶。方形直口，弧腹，圜底，腹部四边起棱。底部饰有绳纹。内外壁髹黑漆，应是陶胎烧成后，仿照漆器工艺髹饰而成。漆衣方口瓮规整匀称，制作精良，其独特的设计风格，赋予其一种宽厚而饱满的视觉效果，诉说着主人生前的尊贵身份。

黑漆衣陶鼎

口径 18.7 厘米，腹径 26.3 厘米，通高 40.4 厘米

北京市丰台区大葆台西汉广阳王陵一号墓出土

　　泥质红陶。子母口，方形镂空双耳，圆鼓腹，腹部装饰有一周凸弦纹，圜底，装饰有绳纹，腹下部有三个兽蹄足。外饰黑漆。鼎身轮制，双耳和足模制。进入汉代，传承自西周时期的列鼎礼制已经消亡，以鼎为代表的礼器在使用上已经不遵循周礼的制度，逐步地转化为日常的实用器具。

黑漆衣陶壶

口径 17.3 厘米，腹径 29.5 厘米，底径 15.5 厘米，通高 57.5 厘米

北京市丰台区大葆台西汉广阳王陵一号墓出土

　　泥质红陶。侈口，颈部修长略内收，肩部斜溜而下，腹部圆鼓饱满，下腹部弧形内收，折曲状圈足，圈足外撇。壶腹两侧对称贴塑一对模制铺首衔环，肩部饰以弦纹，底部饰以绳纹。内外髹黑漆。陶壶一般作为盛酒器。

黑漆衣陶壶

口径 19 厘米，腹径 36.4 厘米，底径 19.5 厘米，高 54 厘米
北京市丰台区大葆台西汉广阳王陵一号墓出土

　　泥质红陶。侈口，颈部修长略内收，肩部斜溜而下，腹部圆鼓饱满，下腹部弧形内收，折曲状圈足，圈足外撇。壶腹两侧对称贴塑一对模制铺首衔环，肩部饰以弦纹，底部饰以绳纹。外髹黑漆。

红黑漆衣陶盘

口径 25.5 厘米，高 6.4 厘米

北京市丰台区大葆台西汉广阳王陵一号墓出土

　　泥质红陶。口沿外折形成平沿，盘腹较深，斜壁微微弧起，平底规整，整体造型简洁。其内部髹涂红漆，外部髹以黑漆。从工艺上看，髹漆工艺不仅增添了器物的美观度，也起到了一定的保护作用。红漆与黑漆的搭配，使器物在色彩上形成鲜明对比，凸显出独特的视觉效果，其制作工艺反映了当时的文化特征和审美观念。

黑漆衣陶盘

口径 28.6 厘米，底径 18 厘米，高 5.6 厘米

北京市丰台区大葆台西汉广阳王陵一号墓出土

　　泥质灰陶。外折斜口沿，器腹相对较浅，腹壁上部微微向内倾斜，下部则向里折收，最终形成了平底。在腹部位置环绕着一周凸弦纹，整体造型显得规整且富有层次感。盘内外均髹黑漆，使得整个陶盘呈现出一种古朴而典雅的色泽，黑色的漆层不仅增添了美观度，更在一定程度上起到了保护作用。

黑漆衣陶盘

口径 24 厘米，底径 12.1 厘米，高 4.5 厘米
北京市丰台区大葆台西汉广阳王陵一号墓出土

　　泥质灰陶。外折斜口沿，器腹较浅，腹壁上部微内斜，下部向里折收成平底，内底有一圈凸弦纹。里、外均施黑漆衣。轮制。

龟首直柄陶魁

口径 23.9 厘米，底径 15.6 厘米，高 9 厘米，柄长 9.2 厘米
北京市丰台区大葆台西汉广阳王陵一号墓出土

　　泥质灰陶。器身主体呈圆形，腹部内收，底部平整，确保了稳定性。器表施有黑漆。最为独特的是其短柄设计，呈现为直颈龟首形态，既体现了实用功能，又增添了器物独特的艺术美感，充分展现了古代匠人的制陶技艺和艺术想象力。

龟首曲柄陶魁

口径 24.1 厘米，底径 15.7 厘米，高 9.9 厘米，柄长 8.5 厘米
北京市丰台区大葆台西汉广阳王陵一号墓出土

　　泥质灰陶。器身主体呈圆形，腹部内收，底部平整。短柄设计，呈现为曲颈龟首形态。器表施有黑漆。

绿釉陶壶

口径 13 厘米，腹径 24 厘米，底径 18.5 厘米，高 24.1 厘米

北京市丰台区大葆台西汉广阳王陵二号墓出土

　　泥质红陶，质地细腻坚硬。口外敞，广肩，肩下渐收敛为大平底。器表施绿釉。轮制。汉代常见的釉陶有两种，即绿釉陶和黄釉陶，绿釉陶是以铜为着色剂烧成，黄釉陶则是以铁为着色剂烧制而成。

陶罐

口径 20 厘米，腹径 37.8 厘米，高 37.5 厘米

北京市丰台区大葆台西汉广阳王陵二号墓出土

　　泥质灰陶。敞口，鼓腹，平底，底内凹。通体饰弦纹，底部饰绳纹。轮制。

黑漆衣陶耳杯

口长 15.1～15.7 厘米，口宽 9.4～10.1 厘米，耳宽 13.3～13.6 厘米，高 5.2～5.5 厘米

北京市丰台区大葆台西汉广阳王陵一号墓出土

  泥质灰陶。杯身呈椭圆形，口沿微内敛，腹部弧收，平底。杯身两侧对称置有半月形双耳，双耳略低于口沿，便于持握。器表通体髹黑漆，仿若漆器，展现出独特的工艺美感。耳杯作为汉代常见器物，主要用于盛酒，亦可盛放汤羹等食物。

鎏金铜釦耳

长 6.7～10.1 厘米，宽 1.1～1.7 厘米

北京市丰台区大葆台西汉广阳王陵一号墓出土

    铜质，鎏金。新月形，为漆耳杯附件。耳杯的双耳是使用时触摸最多的部位，因此人们用鎏金铜釦对其进行加固装饰。古代用金属加固和装饰器物口沿等部位的器具称为"釦器"。汉代一些铜釦漆器，其铜釦不仅加固口沿，在边沿、转角处或器身上还被加上几道铜箍，使其更为结实、美观。

六博棋子

长 3～3.1 厘米，宽 1.6～1.7 厘米，厚 1.3 厘米

北京市丰台区大葆台西汉广阳王陵一号墓出土

　　象牙材质。六面长方体，棋子边缘阴刻直线为框，框内阴刻龙虎图案。共出土八枚，其中四枚棋子的六面框内阴刻飞龙，另外四枚阴刻奔虎，雕工精巧，形象生动。六博因其行棋用六箸，故称六博。目前考古发掘出土的六博棋子，一般为十二枚，棋分两方，每方六枚。六博行棋时，主要通过棋子的大小、形状、材质、颜色、图案等来区分对博双方的棋子。广阳王陵出土的六博棋子大小基本相同，以龙虎图案区分对博双方。六博在汉代是风靡全国的一种娱乐游戏，是一种文化象征和传统习俗，具有丰富的文化内涵。

错金银铜瑟枘

残长 4.2 厘米，宽 3.8 厘米

北京市丰台区大葆台西汉广阳王陵一号墓出土

　　铜质。瑟枘为方形榫，顶端呈圆帽状，下端为方榫，榫内中空，榫外侧上部缠绕数道丝线。采用错金银工艺，装饰繁缛精美，原镶嵌有玛瑙与绿松石，因年代久远，这些宝石均已残缺，仅存镶嵌凹槽的痕迹。瑟枘是中国古代乐器瑟上的一个重要部件，为固定瑟弦的榫头，瑟弦按组缠绕在瑟枘处，亦称弦枘。

鎏金铜钩

长 9.4～14 厘米，宽 8.4～8.9 厘米，厚 0.9 厘米
北京市丰台区大葆台西汉广阳王陵一号墓出土

　　铜质，鎏金。呈"S"形。钩设计精巧实用，造型流畅自然，据其形制推断，应是汉代贵族用以悬挂帷帐的重要构件。

铜仪仗饰件

径 3.8 厘米，高 3.2 厘米
北京市丰台区大葆台西汉广阳王陵一号墓出土

　　铜质。底部为中空方柱，上部为圆盘状，盘壁矮直，壁外有菱形和三角形嵌件凹槽，槽内残存着绿松石。此件器物的线条简洁明快，与镶嵌绿松石相配，更显亮丽华贵气质。从圆盘内尚留朽木痕判断，此物应是仪仗顶部饰件。

鎏金马腿形铜案足

高 16.8～17.5 厘米

北京市丰台区大葆台西汉广阳王陵一号墓出土

　　铜质，鎏金。马腿形，腿部中空，有些内部还保留着朽木，是漆案的配件之一，为漆案之足，起着稳固支撑的作用。其精细的做工充分展现了马腿的矫健之美，既实用又颇具艺术感。

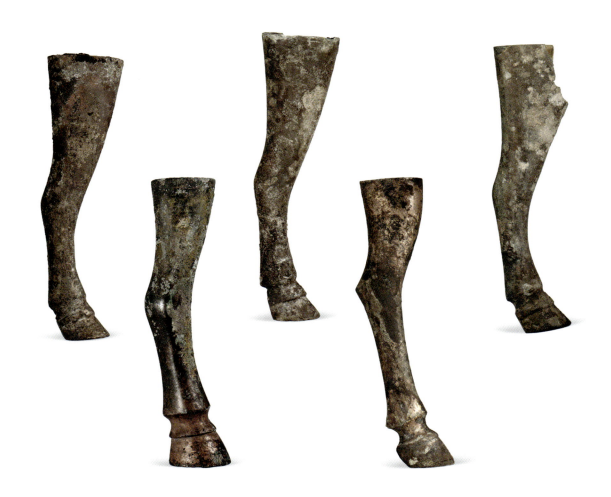

鎏金漆案铜包角

长 12.9～13.2 厘米，宽 10.8～11.6 厘米
北京市丰台区大葆台西汉广阳王陵一号墓出土

　　铜质，鎏金。呈规整直角造型，用于包裹漆案四角，兼具加固与装饰双重功用。鎏金铜包角贴合于漆案边缘，不仅增强了漆案结构的稳固性，更以华丽的光泽与漆案相得益彰，使器物在实用之余，尽显华贵气质。

铜虎镇

长 8.4 厘米，高 6.1 厘米

北京市丰台区大葆台西汉广阳王陵二号墓出土

　　铜质。虎与台座浑然一体，侧首屈肢，威严地盘卧于圆形台座之上。虎作张口瞪目、回首凝视之态，双耳挺立，仿佛正发出怒吼，其脸部周围有一圈鬃毛。四肢清晰，四爪外露，两前爪平放于前，后腿屈卧于身下，长尾从两后腿间穿过，卷曲于身下。虎身阴刻线条，底座平整，有一方孔。此铜虎是席镇。魏晋以前，席镇为古人日常生活中的必需之器，常置于坐席四角，避免由于起身、落座时折卷席角或牵挂衣饰而影响仪态。

螭虎玉饰件

长 4.1 厘米，宽 2.4 厘米，厚 1.9 厘米

北京市丰台区大葆台西汉广阳王陵一号墓出土

　　白玉质，质地细腻，色泽温润，经过精心打磨和抛光，玉件表面呈现出柔和的光泽，增强了其艺术表现力。螭虎伏于温润的玉石表面，头部微微上扬，似在仰首眺望。背部隆起，阴刻的脊线流畅自然，从脖颈蜿蜒至尾端，勾勒出清晰的背脊。四肢有力，长尾弯曲，应为器具装饰嵌件。采用浮雕技法，整个雕刻工艺精巧，栩栩如生，立体生动地表现出了螭虎的姿态与动态美，体现了工匠高超的艺术造诣。

螭虎饰件

长 6.2 厘米，宽 2 厘米，厚 0.8 厘米

北京市丰台区大葆台西汉广阳王陵一号墓出土

透闪石质。其上浮雕一螭虎。螭虎曲身缩首，蓄势欲跃，姿态灵动。饰件边缘阴刻弦纹，留白处雕琢涡纹。该饰件为器具装饰嵌件。螭虎作为古人想象中的神灵动物，在汉代是力量与权威的象征，深受皇室贵族青睐，此饰件也正是这种文化观念的体现。

虎头器柄

残长 8.8 厘米，宽 2.2 厘米，高 2.3 厘米

北京市丰台区大葆台西汉广阳王陵一号墓出土

　　木胎。顶端圆雕虎头，造型饱满，双目圆睁，虎鼻上部平滑，鼻梁挺直，鼻头圆大。虎口宽阔，微微张开，虎耳短小，向后直立。虎头的神韵刻画得生动细致、立体感十足，颈部呈流畅的弧形曲柄状。周身髹饰黑漆。出土时下端已残断，推测其为某器具手柄。

铜豹

长 4.2 厘米，宽 4.3 厘米，高 4 厘米

北京市丰台区大葆台西汉广阳王陵一号墓出土

　　铜质。豹作回首半卧之姿，身体呈"S"形，流畅而优美。豹尾卷曲于腹部，自然地贴合着身体。三足沉稳着地，足上各铸有一圆孔，一足微微抬起，仿佛在不经意间打破了静态的平衡，展现出一种跃然欲动的姿态。从细节上看，足部铸有圆孔，体现了其实用性，铜豹实际上是器物上的纽，设计巧妙，既具有装饰性又具备功能性。

鹿角器柄

长 6.8 厘米，宽 4.3 厘米

北京市丰台区大葆台西汉广阳王陵一号墓出土

　　由鹿角雕琢而成。整体呈管状，内部中空，一端为圆形，另一端为椭圆形。器柄表面打磨精细，方便握持操控。从孔内留存的朽木痕迹可以推断，它曾被紧密地安装在木质器具上，可能是作为工具或容器的手柄。

凤纹牙雕

长 7.3 厘米，宽 3 厘米，厚 1.3 厘米

北京市丰台区大葆台西汉广阳王陵一号墓出土

  象牙质。形态扁平，呈长方体状，前端较后端稍窄，制作精细，其上刻有丹凤飞舞、羽人驭龙图案。牙雕正面中心阴刻丹凤飞舞，丹凤高冠长尾，展翅飞翔。背面边缘阴刻双线，双线之间阴刻一周三角纹。背面中心阴刻羽人驭龙，羽人为一怪兽形象，右爪高举一鞭，驾驭一飞龙，作飞腾状。整个形象逍遥飘逸，遨游于天地之间，反映了秦汉时期驭龙升仙的思想。其余三面边缘亦阴刻直线，中心阴刻龙纹。雕工精细，阴刻处涂红，展现出精湛的工艺和深邃的艺术美感。

云龙纹牙雕器柄

残长 8.8 厘米，宽 3.4 厘米，厚 3 厘米
北京市丰台区大葆台西汉广阳王陵一号墓出土

　　象牙质。此牙雕设计精妙，呈圆柱状微微弯曲，线条流畅。表面以阴刻工艺雕刻云龙纹，龙身蜿蜒，仿若游动于云间。阴刻处可见朱砂痕迹，鲜艳色彩与古朴龙纹相互映衬，尽显传统雕刻工艺魅力。

龙纹骨雕嵌件

长 3.4 厘米，宽 2.5 厘米

北京市丰台区大葆台西汉广阳王陵一号墓出土

　　整体呈长方形，四边带有边框。中间主体部分采用透雕技艺，生动地呈现出云龙之态。雕刻工艺精细，线条流畅自然，龙的姿态栩栩如生，双目如炬，鳞片闪耀，身姿矫健，蜿蜒盘旋，仿佛正腾云驾雾。骨雕表面涂有一层薄漆，使其更具光泽和质感。从骨雕背面残留的木痕可知，其为器物上的镶嵌件。

凤纹骨雕嵌件

残长 8 厘米，宽 2.7 厘米

北京市丰台区大葆台西汉广阳王陵一号墓出土

　　整体呈长方形，四边带有边框。中间主体部分采用透雕技艺，生动地呈现出瑞凤之姿。凤首高昂，凤冠低垂，凤尾长卷，其线条流畅而富有张力，呈现出优美的姿态。眼睛、羽毛雕刻细腻清晰，栩栩如生，其线条简约流畅，尽显细腻精巧。表面涂有一层薄漆，增添了几分光泽。边框上有圆孔，设计巧妙。骨雕背面未施漆，作为器物上的镶嵌件，展现出独特的工艺风格。

玳瑁饰件

残长 7.2～14 厘米，宽 1.6～2.2 厘米

北京市丰台区大葆台西汉广阳王陵一号墓出土

　　长条扁片状。玳瑁饰片上墨绘大雁、奔鹿、云气纹饰，线条细腻灵动，精巧别致，为漆器的装饰材料。玳瑁被称为"瑇瑁""瑁瑇"或"毒冒"，质轻、韧性好，为漆器的一种昂贵装饰材料，在汉墓中出土极少。汉代漆器器表以黑色为主，玳瑁与黑漆相结合，深沉的底漆可以很好地烘托出玳瑁的纹样，两者搭配相得益彰。

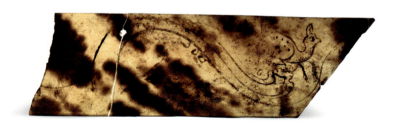

龙首牙雕

长 3.5 厘米，宽 1.8 厘米，厚 0.9 厘米

北京市丰台区大葆台西汉广阳王陵一号墓出土

　　象牙质。龙嘴微启，牙齿若隐若现，龙眼、龙须、龙角以及龙鳞等细节，通过细腻的线条巧妙呈现，展现了古代工匠的高超技艺。整个龙首工艺精湛，整体散发出一种威严的气势，更蕴含着人们对龙这一象征权威与祥瑞之物的深厚尊崇。

云龙纹漆器

残长 61.5 厘米，宽 7 厘米，厚 2.2 厘米

北京市丰台区大葆台西汉广阳王陵一号墓出土

  木胎。呈扁平长条状，微内凹。漆器内侧髹红漆，在红色漆层之上，绘制有黄龙图案。黄龙线条流畅细腻，形象逼真生动，周边环绕的黑色云气纹与黄龙图案相互呼应，营造出神秘庄重的氛围。漆器的外侧髹黑漆，中心绘制黄龙图案。色彩鲜艳夺目，与黑色背景形成强烈的视觉冲击，周边的红色云气纹又进一步增强了黄龙图案的立体感与层次感。黄龙龙首扁长，双目圆睁，似能洞察万物。锐利尖角，突兀而立，尽显威严气度。长耳后垂若闻天籁，獠牙毕露威仪自生。鱼鳍状双翼舒展如帆，四爪稳健紧扣云气。蜿蜒龙身与流动云纹相映，构成黄龙穿云破雾的磅礴之势。漆器侧面髹黑漆，嵌鎏金铜帽，绘双线纹和云气纹，云气纹中绘飞翔的仙鹤。内侧黄龙前方绘一匹奔跑的天马，边缘处绘双线纹、三角纹、菱纹、涡纹等。外侧黄龙后方绘一匹奔跑的天马，边缘处绘两道直线纹。整个器物的漆色均匀艳丽，各种动物花纹绘制生动细致，构图严谨，画工精巧细致。这件云龙纹漆器是一件不可多得的汉代艺术精品。

玉饰服章

宝奁开，美鉴静，一掬时光。两千年前广阳国的王宫里，美玉润泽、玛瑙流光，华彩织就的衣裳精巧细腻，金箔彩绘的漆奁精致典雅。琳琅满目，诉说着主人的尊贵；吉光片羽，昭示着时代的不凡。一种独属于汉朝人的美丽与优雅也在举手投足间悄然流转。

漆纚纱冠

残长 14.6 厘米，残宽 14.2 厘米
北京市丰台区大葆台西汉广阳王陵一号墓出土

漆纱冠又名"漆纚冠"，是一种以丝织物为主体、外饰生漆的束发之冠。漆纱残片，表面光滑，内部黑漆流向平缓，粗细均等，包裹在丝线外部的漆皮横切面仍然保持着较为规整的圆滑矩形。漆纚纱冠制作工艺复杂，是高等级贵族官吏等才可佩戴的首服。推测应为墓主刘建头戴的首服漆纱冠。

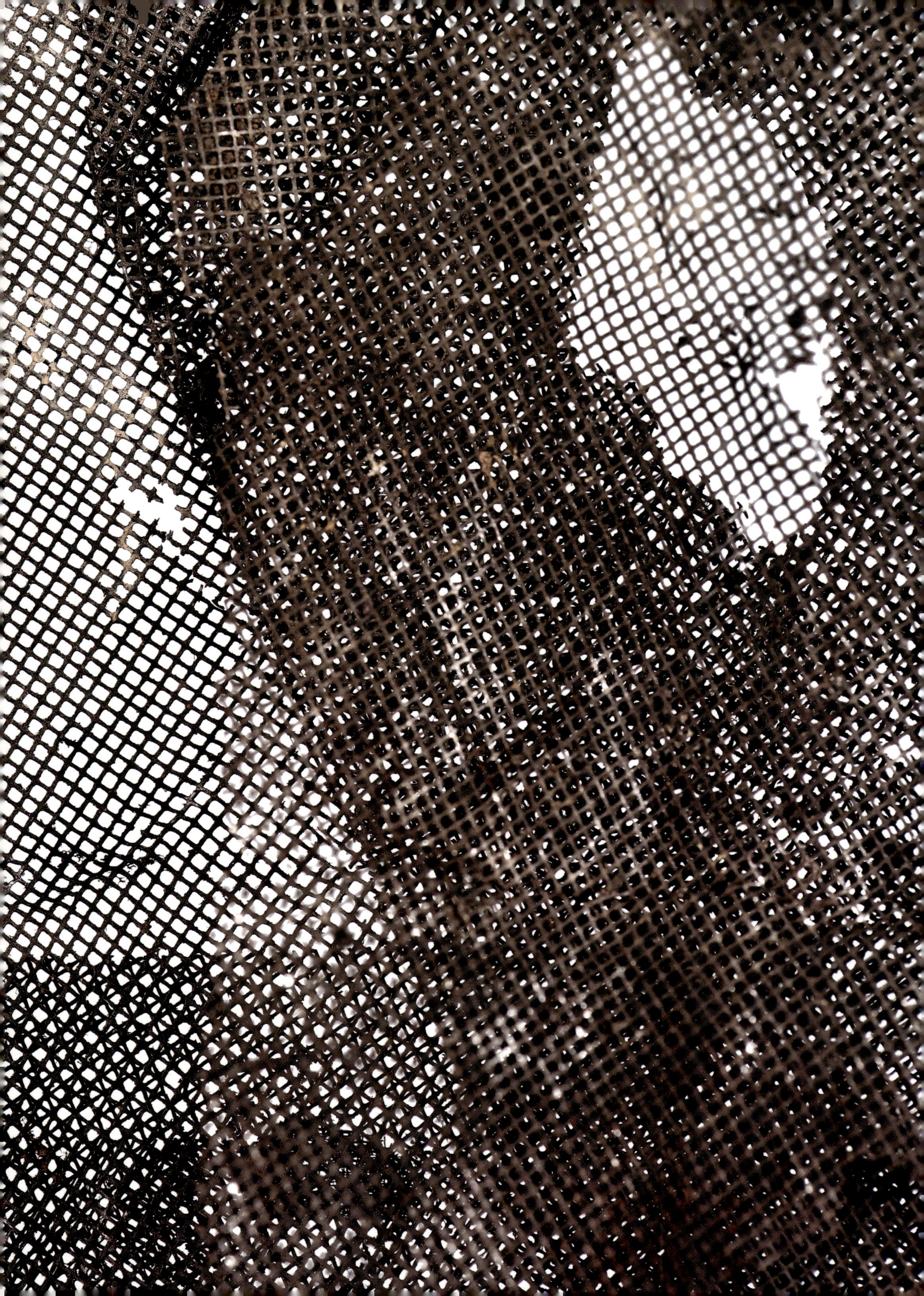

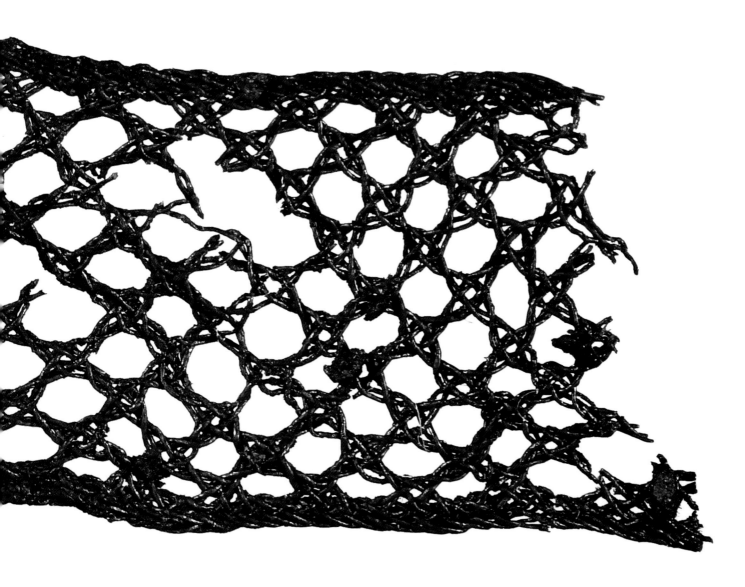

组带

残长 4.8 厘米，宽 1.4 厘米

北京市丰台区大葆台西汉广阳王陵一号墓出土

　　外观呈铁锈色。通体编作斜格，格眼为正八边形，孔径约 1.3～1.5 毫米。单头丝线为反手（"Z"）拈的合股线，直径约 0.15 毫米。出土时组带和漆纱冠残片相缀连，应是冠上的附属物——组缨，即冠的带子。"组"又名"纂组"，分为单层组与复合组，在传统纺织品中属于高等级织物。大葆台西汉广阳王陵的组缨组织结构十分清晰复杂，为一般纂组的复合形式，是我国出土的唯一一个复合纂组的实物。

绛紫绢地刺绣

残长 65 厘米，残宽 61.2 厘米

北京市丰台区大葆台西汉广阳王陵一号墓出土

　　刺绣整体呈现出深沉而高贵的绛紫色调，工艺精湛，风格独特，质地均匀，织造紧实。绢地每平方厘米密度为 46 根 ×28 根，保证了图案的精细度和立体感，绢的厚度为 0.18 毫米，轻薄而不失质感。刺绣花纹是汉代藤蔓植物纹饰，每个单位纹样由一条"S"形主干构成，两端点缀蓓蕾和花穗，营造出一种生动而富有层次感的视觉效果。根据专家研究其背面针线走向判断，刺绣入土前应为六种不同的颜色绣线。此刺绣残片属于覆盖在棺木外面的棺衣组成部分，应为罩棺所用的褚幕。

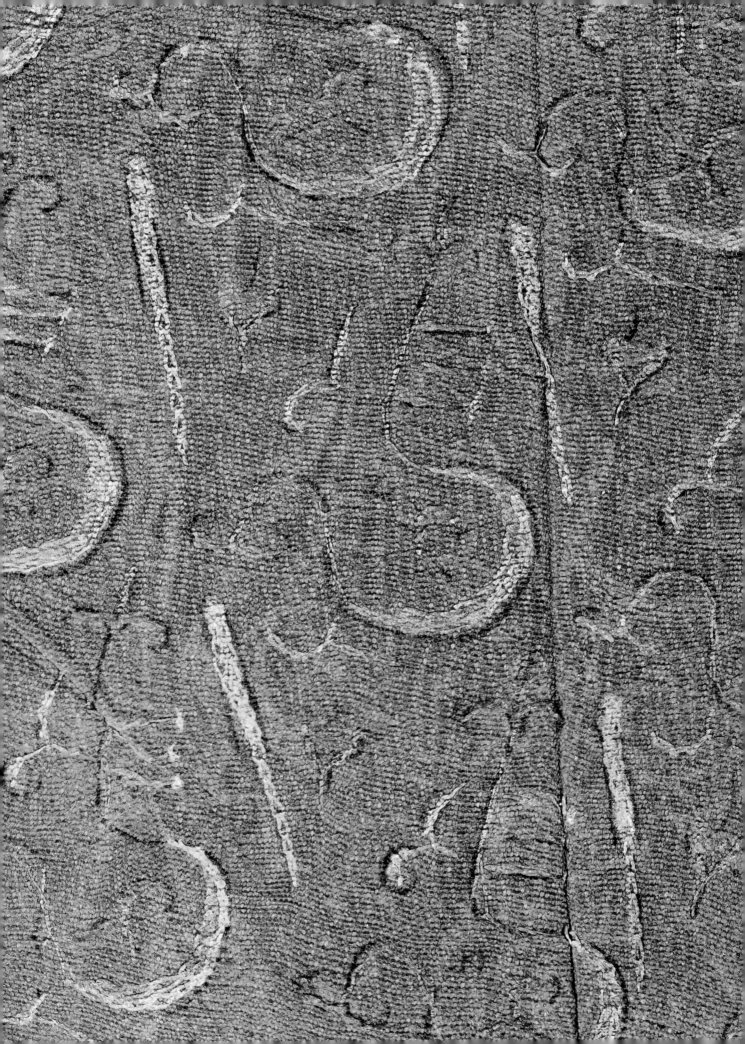

铁簪

长 11.4 厘米

北京市丰台区大葆台西汉广阳王陵一号墓出土

　　铁质。半球形帽，整体上粗下细呈尖锥状。簪又名笄，一为插定发髻之用，男子、女子都用；一为连冠于发之用，只有男子使用，女子不用。结发用的簪较短，簪在汉代被广泛使用。

嵌松石铜带钩

长 10.3 厘米，宽 1.5 厘米，厚 0.5 厘米

北京市丰台区大葆台西汉广阳王陵一号墓出土

　　铜质。扁方形，向上拱起。背部凹窝处有一圆纽。勾首向后弯曲作回首状。整体曲线优美流畅，宛若游龙。带钩腹部采用了精湛的镶嵌工艺，细小而精致的绿松石交错排布，金石辉映，为带钩增添了一抹绚丽的色彩与华贵的质感。带钩是古代用于扣接束腰的革带或在身上佩挂物件的钩。

玉舞人

长 5.4 厘米，宽 2.6 厘米，厚 0.4 厘米
北京市丰台区大葆台西汉广阳王陵二号墓出土

　　白玉质。以透雕技法精心雕琢而成，双面线刻舞人形象。舞人面庞清秀，身姿修长，身着交领长裙，细腰束带，身姿微侧，一臂高举，长袖越过头顶，另一臂轻触腰际，形成卷云之姿。衣袖飘逸身侧，长裙轻拂地面，宛如翩翩起舞。上下两端各有一孔，便于穿系结缀佩戴，通常作为组玉佩的一部分。此作巧妙刻画出轻舒广袖、微折柳腰、长裙拂地的舞人形象，充分展现了汉代舞者"长袖"与"细腰"的典型特征。

形象飞扬灵动。

螭虎纹玉佩

长 8.9 厘米，直径 7.1 厘米，厚 0.5 厘米

北京市丰台区大葆台西汉广阳王陵二号墓出土

　　白玉质，玉色青白，局部有浅褐色沁斑。整体呈扁平圆形。圆廓中间透雕一盘曲螭虎；圆廓边缘阴刻两圈弦纹，中间横刻双弧形纹；圆廓顶部有一叶形穿孔，其下透雕两卷云状分叉螭尾。螭虎细眉圆眼，直鼻阔嘴，双耳外耸，独角长卷。面部立体感强，鼻梁、额头及长角中部饰双弧纹。四肢弯曲，强壮有力，背部饰脊线。躯干有小翼。长尾飘逸卷曲，尾端分叉，作卷云状。以阴刻技法刻划肢体细部，整体形象飞扬灵动。

凤首玉觽

长 11.8～11.9 厘米，宽 2.4～2.5 厘米，厚 0.4～0.5 厘米
北京市丰台区大葆台西汉广阳王陵二号墓出土

　　白玉质，色泽温润细腻。呈獠牙形，扁平细长。透雕回首凤鸟，凤鸟身体弯曲，尾部尖锐如锥，以阴刻线条刻画眼睛、羽毛等细部，双面雕琢，雕工精巧，造型生动。玉觽是汉代常见的一种佩玉，通常成对出现，大小一致且造型纹饰相同。这一对玉觽，应为组玉佩中的饰件。佩觽代表一个人具有解决棘手问题的能力，有治烦决乱的寓意。因此，帝王贵族们多爱佩戴玉觽，以此来彰显自己的治世之能。

龙纹玉璜

长 10.2 厘米，宽 3 厘米，厚 0.4 厘米
北京市丰台区大葆台西汉广阳王陵一号墓出土

　　青玉质，温润有光泽，局部有褐色沁斑。呈弧形扁平状。其纹饰以阴刻线刻画，线条通过方折回转，勾勒出抽象的龙纹。这种独特的玉器纹饰被称为秦式龙纹，流行于春秋时期秦国玉器之上。璜的顶端和左端各有一穿孔，为两面钻，便于系绳佩戴。璜是古代常见的玉器之一，是一种形态差异较大的半环形或半璧形玉器。这件龙纹玉璜纹饰细密繁缛，采用阴刻线雕琢手法，讲究对称平衡，纹饰线条刚劲利落，装饰华美，展现出勃勃生机。

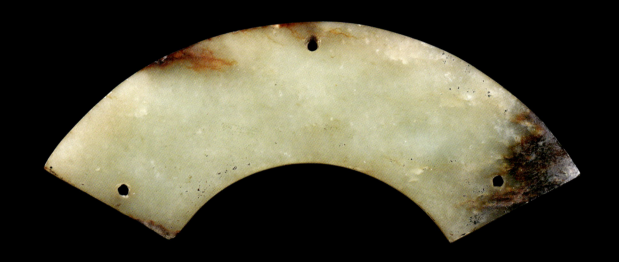

素面玉璜

长 9.5 厘米，宽 2.6 厘米，厚 0.4 厘米
北京市丰台区大葆台西汉广阳王陵一号墓出土

　　青玉质。素面无纹饰，两边和中央各有一孔，均为单面钻孔。玉璜起源悠久，寓意礼敬天地，造型奇特，是古人尊崇的一种瑞玉。

白玉环

直径 1.7～3.6 厘米，厚 0.3～0.5 厘米
北京市丰台区大葆台西汉广阳王陵一号墓出土

·白玉质，玉质洁白清透。素面无雕琢。玉环是一种圆形而中间带有孔的玉器。玉环在西汉时期一般作为装饰用玉，是常见的玉组佩器形之一。

白玉环

直径 3.5 厘米，厚 0.4 厘米

北京市丰台区大葆台西汉广阳王陵一号墓出土

白玉质。呈圆形扁平状，截面作扁方形，表面有阴刻涡纹。

青玉环

直径9厘米，厚0.5厘米

北京市丰台区大葆台西汉广阳王陵二号墓出土

青玉质。环扁圆，素面，环面打磨光滑洁润。

玉鸽

长 1～1.2 厘米、高 1 厘米、厚 0.3～0.6 厘米
北京市丰台区大葆台西汉广阳王陵二号墓出土

　　白玉质，质地细腻，色泽温润。整体线条简约凝练，形态传神，憨态可掬。在雕刻工艺上，采用了圆雕技法，将玉鸽的细节雕琢得恰到好处，展现了汉代玉工精湛的技艺。玉鸽腹部有一圆形穿孔，用于穿绳佩戴，为其增添了一份灵动之美。在出土的西汉时期玉器中，玉鸽造型较为少见。

瓶形玉饰件

腹径 0.6 厘米，高 1.1 厘米

北京市丰台区大葆台西汉广阳王陵一号墓出土

　　白玉质。呈花瓶状，中部设穿系孔，便于穿缀。采用圆雕技法，造型简约大方，线条流畅利落，雕琢删繁就简，尽显古朴雅致之美。

戟形玉饰件

长 1.5 厘米，宽 1.3 厘米
北京市丰台区大葆台西汉广阳王陵一号墓出土

　　白玉质。类戟形，上端两枝分叉外扬，下部聚合为短柄。柄部有穿
系孔，实为一类特殊形式的玉饰，且常与其他形制的玉饰连缀成串。戟
形饰造型来源于鸡鸣戟。

星云纹铜镜

直径 15.5 厘米，厚 0.6 厘米
北京市丰台区大葆台西汉广阳王陵一号墓出土

　　铜质。圆形，镜背正中置连峰纽。圆形纽座，纽座上环绕四
个乳钉和弧形草叶纹，围以十六个内向连弧纹。镜缘由内向的十六
个连弧纹构成。主题纹饰为星云纹，采用四分法布局，以一枚乳钉
及八片草叶划分为四区。区间内由卷曲的云纹和凸起的星纹构成，
云纹变化多端，云纹之间连接有七颗星纹，似云中星斗。

四乳四虺纹铜镜

直径 19 厘米，厚 0.8 厘米

北京市丰台区大葆台西汉广阳王陵一号墓出土

　　铜质。圆形，镜背正中置圆纽，连珠纹纽座，素宽平缘。纽座外饰短斜线纹，外侧为素面圈带，圈带外饰两周短斜线纹，外围两周短斜线纹之间有四枚对称的乳钉、四条蜿蜒的蟠虺、四乳及四虺相间环绕，四乳带圆座，四虺成蜿蜒状钩形躯体。虺的一侧为青龙、白虎、朱雀、玄武四神的头部及颈部，简单而明确，另一侧为鹿、兔、鸟等纹饰，增添了铜镜纹饰的层次感与精美度。

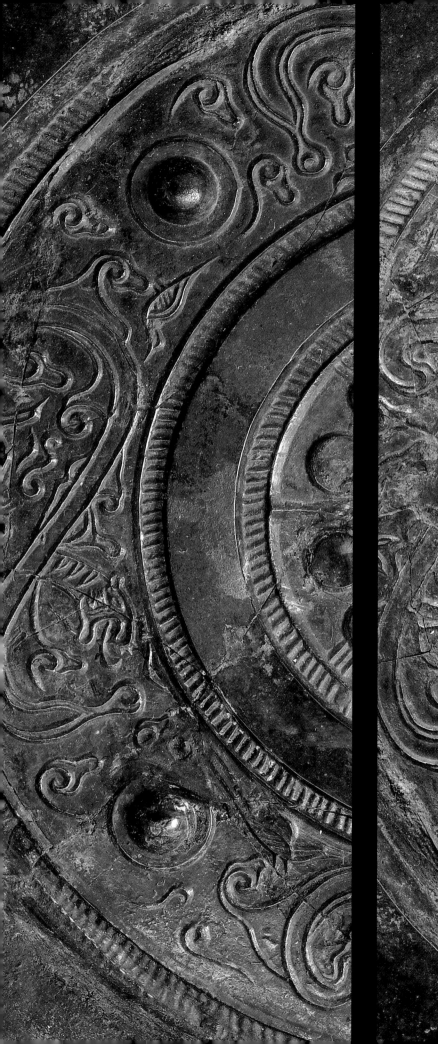

连弧纹昭明铜镜

直径 15.4 厘米，厚 0.5 厘米

北京市丰台区大葆台西汉广阳王陵一号墓出土

　　铜质。圆形，镜背正中置圆纽，连珠纹纽座，素平缘。纽座外环以八个内向连弧纹，连弧纹内间隔填以"田"字纹和涡纹，连弧纹外饰两周短斜线纹。两周斜线纹之间为铭文带，铭文曰："内清质以昭明，光辉象夫乎兮一日月，心忽而愿忠，然雍塞不泄而。"昭明镜因镜背铭文第一句中有"昭明"二字而得名，流行于汉宣帝至新莽时期。昭明，即明亮之意，铜镜上有"昭明"字样，也是昭明镜的重要特征。

鎏金铜枇刷

长 12.5 厘米

北京市丰台区大葆台西汉广阳王陵二号墓出土

　　铜质，鎏金。形状与烟袋锅相似，长柄，柄后端呈龙首形，前端似烟锅状，呈圆形，中空，刷毛无存。枇即梳子、篦子等梳理头发的用具。枇刷主要用来清理梳、篦里的污垢。

环首铁削

长 14.3 厘米，宽 3 厘米，厚 0.4 厘米
北京市丰台区大葆台西汉广阳王陵一号墓出土

　　铁质，由生铁脱碳成钢后锻造加工而成。刀身扁平，后端配有椭圆形环首，兼具实用性与美观性。小巧精致的环首刀通常用于日常生活的多种场合，如刊削简牍、修面理容、辅助六博游戏及裁割布帛等。而尺寸较大、刀背厚实、质地坚韧的环首刀则是汉代流行的兵器。

平脱漆奁

残长 2.6～7 厘米，残宽 1.9～7.1 厘米，厚 0.1～0.5 厘米

北京市丰台区大葆台西汉广阳王陵一号墓出土

　　出土时已破碎，从残片研究可知，原器物圆底，整体以髹漆脱胎工艺制成。器表髹黑漆，贴有花草、云纹、鹤兔等金箔。这是一种两汉时得到长足发展的金银平脱工艺。将金、银薄片裁制成各种纹样，用胶漆粘贴后髹漆数重，最后细加研磨，金银纹饰脱露而出。周边有红、白玛瑙珠，疑似原镶嵌装饰。器内髹朱漆，墨绘云气纹。残件上还留有铜衔环铺首与盖顶圆环纽饰，极具研究价值。

金箔饰品

北京市丰台区大葆台西汉广阳王陵一号墓出土

　　贴于漆器表面的装饰，质薄而坚韧，将瑞兽祥云雕琢得活灵活现。灯光之下，金箔粼粼生辉。瑞兽或昂首嘶鸣，或奔腾跳跃，神态迥异。蜿蜒的祥云仿若随风飘动，与瑞兽相互辉映，满载吉祥祈愿，尽显古代匠人高超技艺。

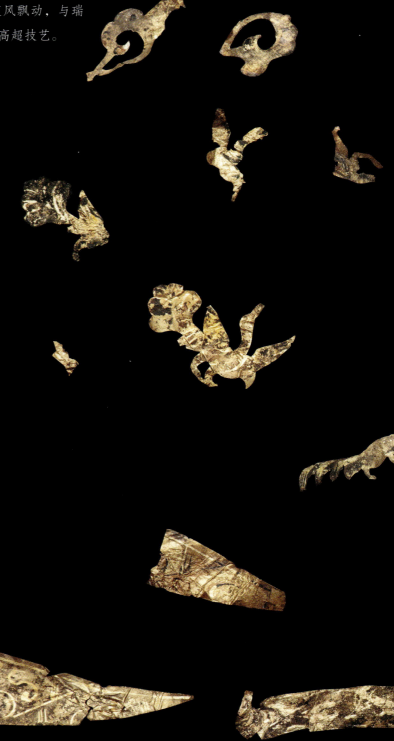

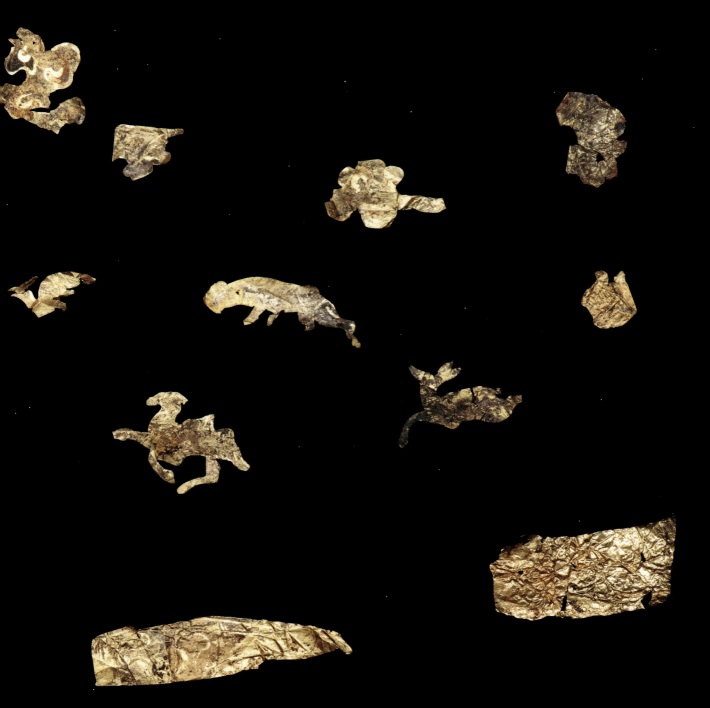

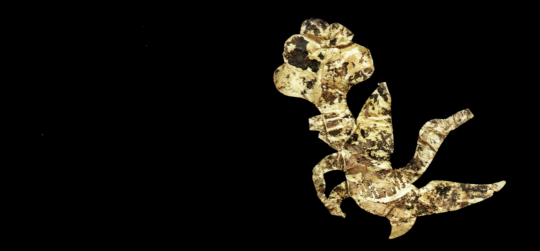

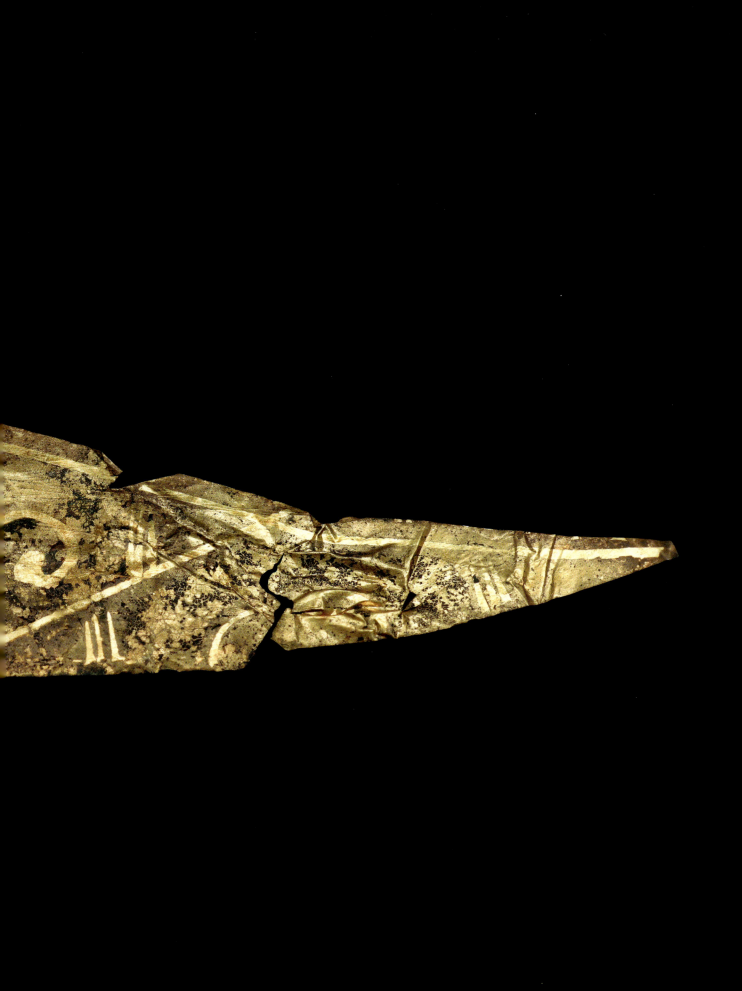

漆器鎏金铜铺首

长 6.3 厘米，宽 5.4 厘米

北京市丰台区大葆台西汉广阳王陵一号墓出土

　　铜质，鎏金。兽面戴"山"字形冠。半圆形双耳，贴于头顶两侧，雕琢细腻。眉眼线条圆润柔和，充满亲和力，尽显匠心巧思与精湛技艺。兽鼻微挺，鼻下衔环，极具古朴韵味。铜铺首应为一对，对称分布于漆器两侧。

鎏金圆环

直径 1.5～4.7 厘米，厚 0.2～0.4 厘米

北京市丰台区大葆台西汉广阳王陵一号墓出土

　　铜质，大部分鎏金。圆环形，个别为椭圆形，多为漆器上的
饰件。

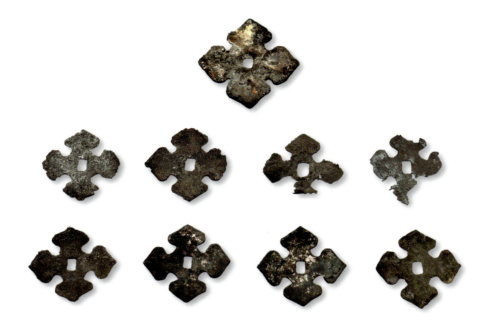

鎏金柿蒂形铜饰件

长 3.5～5.2 厘米，宽 3.4～5.2 厘米，厚 0.1～0.2 厘米
北京市丰台区大葆台西汉广阳王陵一号墓出土

  铜质，鎏金。其设计精巧，中心有一个方孔，用于安装铜环。方孔周边围绕四片花瓣，每片花瓣造型独特，呈现"一尖两弯"形态，因形似柿蒂而得名。这种饰件通常用于装饰漆盒或漆奁。饰件不仅线条流畅、工艺精湛，还兼具实用性、装饰性和艺术性。

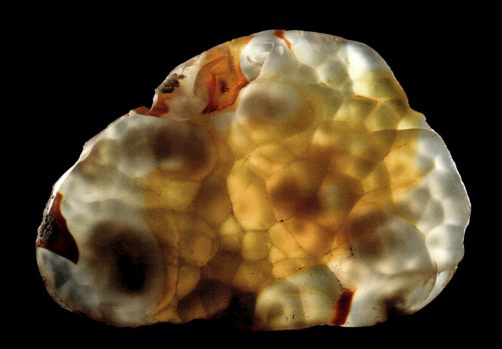

橙黄玛瑙

长 9.6 厘米，宽 7 厘米，厚 1 厘米
北京市丰台区大葆台西汉广阳王陵一号墓出土

　　玛瑙表面起伏不平，形态类似葡萄珠状凸起，这种独特的形态赋予了玛瑙显著的美学价值和视觉吸引力。玛瑙色泽层次丰富，中心区域以橙黄色为主，外围则被灰白色调所环绕。在这两种主色调之间，零星地散布着红色斑块，为玛瑙增添了一抹鲜明的红色，进一步增强了玛瑙整体的色泽对比和视觉冲击力。

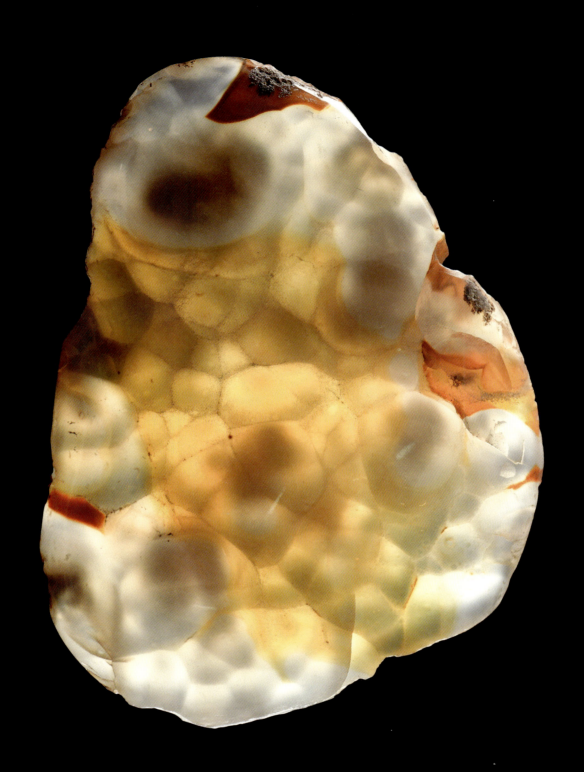

灰白玛瑙

长 6.2～7.2 厘米，宽 4.1～4.2 厘米，厚 1～1.1 厘米

北京市丰台区大葆台西汉广阳王陵一号墓出土

　　不规则扁平状，一面光滑明亮，灰白色。有数条白色平行斜线纹。此件玛瑙饰件，单面打磨光滑且无孔无系，推测为嵌件。

桃形玛瑙

长 4～4.5 厘米，宽 2.7～3.5 厘米，厚 0.6～0.9 厘米

北京市丰台区大葆台西汉广阳王陵一号墓出土

　　形如扁桃，表面打磨光滑明亮，背面稍加打磨。这组桃形玛瑙饰件，形制相像，无孔无系，推测为嵌件。

玛瑙珠

直径 1.3～2.6 厘米，厚 0.4～1.1 厘米

北京市丰台区大葆台西汉广阳王陵一号墓出土

　　面作半球形，底部平整，便于镶嵌。饰件红白相间，犹如瑰丽的晚霞，璀璨夺目。它与漆器上嵌的玛瑙珠相同，体现了西汉时期工艺技术的精湛。圆形玛瑙整体呈现出温润的光泽，色彩鲜艳，质地细腻。在玛瑙的表面，还可以看到自然的纹理和色彩变化，充分展现了玛瑙的天然之美。饰件的边缘经过精心打磨，呈现出圆润的弧度，手感舒适。

条形玛瑙饰件

长 3.2～3.4 厘米，宽 1.4 厘米，厚 0.4～0.5 厘米

北京市丰台区大葆台西汉广阳王陵一号墓出土

　　条形扁平状，表面经过精心打磨，展现出光滑平整的质感。玛瑙的色彩绚丽多姿，深沉的褐色、温暖的橙黄色和纯净的白色相互映衬，增添了丰富的视觉层次。纹理更是独具特色，橙黄色和白色的丝带状纹理相互交织，缠绕成一幅精美的图案。这件条形玛瑙饰件，色泽温润，纹理细腻，不仅展现了汉代工匠对材质的精细选择，也体现了其精湛的加工工艺。

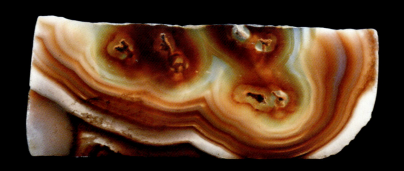

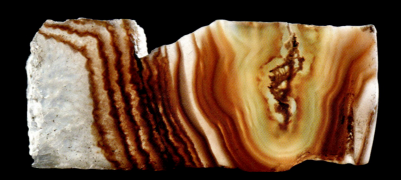

红琥珀珠

直径 1～1.1 厘米，厚 0.5 厘米
北京市丰台区大葆台西汉广阳王陵一号墓出土

　　面作半球形，底部平整。通体呈红色，表面磨琢光滑细润，散发古朴光泽。应作为器物装饰嵌件使用。琥珀是一种透明的生物化石。在古代，它不仅因"虎魄"之名被赋予驱邪避害的寓意，更因原料需通过贸易、外交等途径从国外进口，成为皇室贵族专享的奢侈品，与金、玉同列珍贵之物。

龟形玉饰件

长 1.7 厘米、宽 1.5 厘米、高 1.1 厘米
北京市丰台区大葆台西汉广阳王陵一号墓出土

　　白玉质。整体呈椭圆形，顶部仿若龟背隆起，前端突出的恰似龟首，造型古朴自然。底部打磨得光平滑润，虽无繁复纹饰，却将龟的形态凝练得生动质朴。汉代龟崇拜兴盛，龟从神灵崇拜符号渐渐转为皇权贵族的权力象征。此饰件既寄托墓主对龟之长寿吉祥寓意的信奉，也折射出汉代贵族对权力地位的追求。

第三部分

题凑礼藏

「黄肠题凑」是西汉最高等级的墓葬制度。广阳王陵规模宏大，结构复杂，遵循「事死如事生」的理念，整体布局仿照地上宫殿形制，不仅凝聚了西汉时期的建筑智慧，更是「天子之制」的实物典范，集中体现了汉代国家礼制文明的核心内涵。

错金银四神当卢

长 27 厘米，宽 7.6 厘米，厚 0.4 厘米
北京市丰台区大葆台西汉广阳王陵一号墓出土

　　铜质。采用错金银工艺装饰以四神纹样，纹饰
繁复而瑰丽。当卢上端饰一朱雀，展翅欲飞；左侧
饰一白虎，威猛雄踞；右侧饰一青龙，蜿蜒盘旋；
底部饰一玄武，沉稳盘踞。四神之间，仙鹤、云气
纹环绕。当卢整体造型仿若正面凝视的马首，背面
设计有半环形纽，便于牢固地绑缚于马首之上。

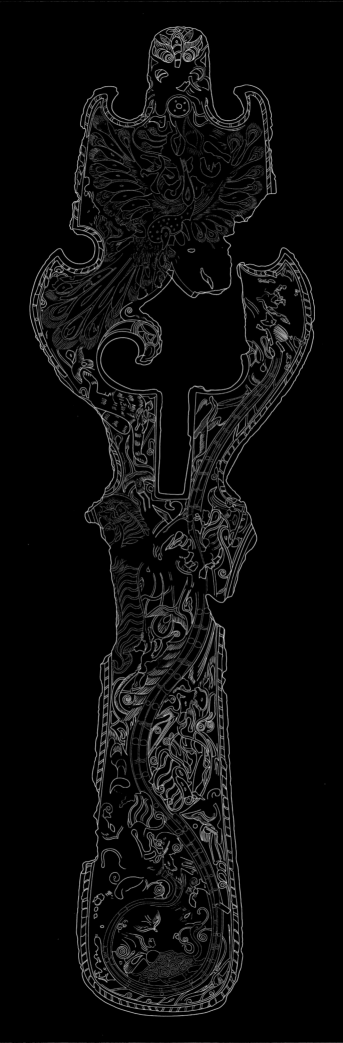

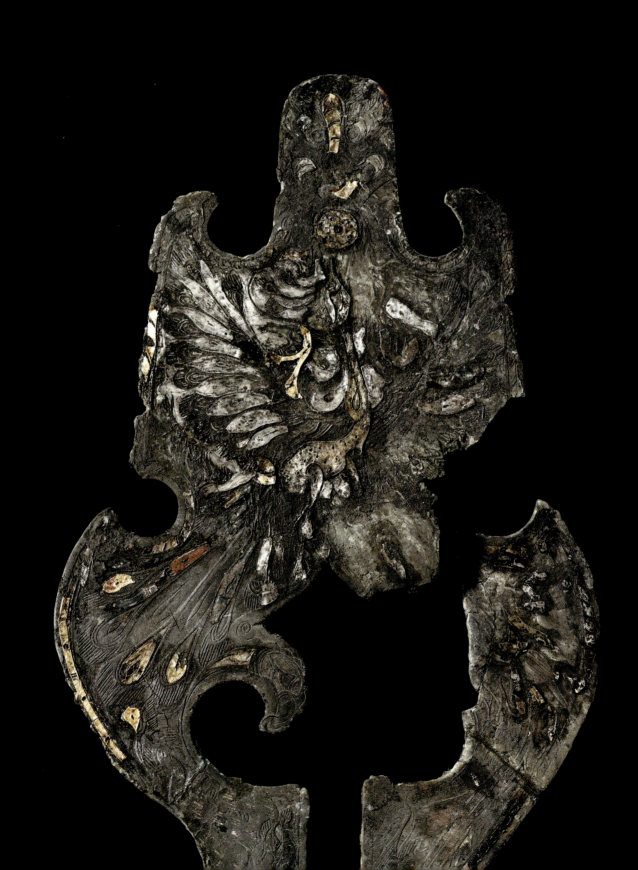

圭形当卢

长 24.8 厘米，宽 6.5 厘米，厚 0.2 厘米

北京市丰台区大葆台西汉广阳王陵一号墓出土

　　铜质。整体呈圭形，素面，上宽下窄。上端原为圭首状，现已残断，侧边为直线，向下渐收，下端为倒圆角的梯形。背部自上而下分布有大小不一的半环形穿纽，一共有五组，四组成对出现，左右对称排列，只有最下面的为单一穿纽，穿纽用于穿革带使用。

龙首形银管饰

长 10.1~10.3 厘米，宽 1.9~2 厘米，厚 0.2~0.3 厘米
北京市丰台区大葆台西汉广阳王陵一号墓出土

　　银质。中空，底部有小孔，顶端呈龙头形状。龙头刻画得细致入微，立体感强。两端的设计各具特色，一端巧妙地雕刻成栩栩如生的龙头形状，展现出龙的威严与神秘；另一端则设计为生动的马蹄形，体现了古代工匠对工艺的精湛掌握和对艺术美感的追求。

银管

径 1.2～1.3 厘米，高 1.4～1.7 厘米

北京市丰台区大葆台西汉广阳王陵一号墓出土

　　银质。呈中空管状，腹部微鼓。常套于辔头皮带上，位于节约之间，作为鼓形串饰。当马匹奔跑时，串饰相互碰撞发出清脆声响，既装饰马具，又添灵动韵律，兼具实用与装饰性。

铜衔

长 25.7 厘米，宽 6 厘米，厚 1.5 厘米

北京市丰台区大葆台西汉广阳王陵一号墓出土

  铜质。由两节构件套连而成，每节的两端成环形，接头处相互套连。衔是驭马器具，通常与马镳配合使用，通过控制马匹口部实现转向与止行功能，俗称"马嚼子"。马衔按节数可分为一节式、两节式、三节式。一节式马衔由于中间无附加物，实际使用中存在折转生硬且马齿不好咬合的缺陷；两节式马衔就是在一节式马衔的基础上增加一节，这种形制最符合实际需求，被广泛使用；三节式马衔相较于两节式更具灵活性，对于马匹的把控力也更强。

铜衔

长 22.4 厘米，宽 4 厘米，厚 2.6 厘米

北京市丰台区大葆台西汉广阳王陵一号墓出土

  铜质。采用环链式结构，由三节构件套连而成，每节的两端成环形，接头处相互套连，中间节段较短，中部凸起呈轮状，两端节段中部凸起呈球状，配置较大外环，用于贯连马镳。这种分节式设计既能保证马衔的灵活性，又可通过中间凸起防止马齿过度咬合，显示出古代工匠对驭术的深刻理解。这件铜衔属于实用器，是西汉时期三节式马衔的典型代表。

鎏金铜车轙

长 8.2 厘米，宽 6 厘米，厚 0.8 厘米

北京市丰台区大葆台西汉广阳王陵一号墓出土

　　铜质，鎏金。形状呈"M"形。轙是车衡上的铜件，用以贯串缰绳。车衡即车辕前端的横木，起着连接车辕与驾驭马匹的重要作用。而轙的设计，正是为了在车衡上顺畅地引导缰绳，防止其缠绕或打结，从而确保马车行驶的顺畅与安全。汉代的铜轙一般呈半环形或环形，精美者或鎏金，或在弧顶上镂雕山峦、龙、首等纹饰。

鎏金铜车辕

长 9.1 厘米，宽 6.3 厘米，厚 1 厘米

北京市丰台区大葆台西汉广阳王陵一号墓出土

    铜质，鎏金。半环形。

鎏金铜车辕

长 10.1 厘米，宽 6.9 厘米，厚 1.2 厘米

北京市丰台区大葆台西汉广阳王陵一号墓出土

    铜质，鎏金。半环形，下端两脚处有横梁连接。

鎏金铜带扣

长 3.4～5.8 厘米，宽 3.8～4.3 厘米，厚 0.5～0.6 厘米

北京市丰台区大葆台西汉广阳王陵一号墓出土

　　铜质，鎏金。带扣由扣环和扣舌两部分组成，扣环呈方形，扣环一侧的中间延伸出扣舌。扣舌折曲，舌尖上扬，设计巧妙。带扣，又称方策，古名为觿，也作镝，是古代的一种车马器，主要功能是连接绳带，用于系紧马身上的革带，确保马具的稳固与安全。

铁带扣

长 3.3 厘米，宽 3 厘米，厚 0.6 厘米

北京市丰台区大葆台西汉广阳王陵一号墓出土

铁质。"日"字形，边缘为圆滑弧形。

鎏金铜带扣

长 2.5 厘米，宽 2 厘米，厚 0.8～0.9 厘米

北京市丰台区大葆台西汉广阳王陵一号墓出土

铜质，鎏金。形制小巧，中间横梁上穿套一个活动的
扣舌。

鎏金熊形铜节约

直径 2.4～2.5 厘米

北京市丰台区大葆台西汉广阳王陵一号墓出土

　　铜质，鎏金。顶部装饰图案是以浅浮雕形式呈现的熊形象。熊的头部位于节约顶部中心位置，半圆形双耳，嘴部微张，两只熊爪微微前伸。节约是一种古代马具，主要用于连接马辔头上的革带。其背面设有双环形穿纽，革带可从中穿过，以此固定革带位置，使革带规整有序地连为一体，避免杂乱缠绕，从而实现对马的节制与约束。节约兼具实用和装饰功能。

鎏金铜节约

直径 2.4 厘米

北京市丰台区大葆台西汉广阳王陵一号墓出土

　　铜质，鎏金。正面呈圆形，顶部扁平，中间刻一圆形凹槽，四周刻四个三角形凹槽，槽内镶嵌有绿松石。节约作为马具，不仅可起到捆绑革带的作用，还能装饰马匹，象征马主人的身份地位。节约因其具有连接络革带、驭马的功用，故"节制约束"为节约之名的最初含义。后逐渐衍生出"节省俭约"的意思，这便是今天"节约"一词常用的含义。

鎏金铜节约

直径 2.7 厘米
北京市丰台区大葆台西汉广阳王陵一号墓出土

　　铜质，鎏金。正面为扁平圆形，素面无纹，背部有双环纽，用以穿系革带。

鎏金铜节约

直径 2.3 厘米
北京市丰台区大葆台西汉广阳王陵一号墓出土

　　铜质，鎏金。整体造型呈鼓凸状，正面球面之上，精心铸造有一栩栩如生的熊形图案。熊首高昂，四爪蜷缩，整体轮廓清晰而突出，生动地呈现出一只憨态可掬的小熊形象。圆圆的双耳警觉地立起，仿佛在时刻警戒着周围的环境。熊爪与面部则以细腻的阴线刻画，寥寥几笔便勾勒出了小熊的神态与特征，使其跃然于节约之上，充满了生动与趣味。背部有双环纽，用以穿系革带。

铜轭角饰

长 7.4 厘米，宽 4.1 厘米，高 4.8 厘米

北京市丰台区大葆台西汉广阳王陵二号墓出土

　　铜质。呈兽头形，似熊。双目圆凸，鼻梁粗直，下巴内收，后端呈两叉弯曲状，精巧且富变化。兽首头顶置一环。车轭，位于车辕前端，是用以扼住马颈的器具。车轭一般呈"人"字形结构，顶端通常称为轭首，末端称作轭角或轭脚。轭角饰中空，可套在木轭的曲卷角上起到装饰和保护的作用。

鎏金铜车軎

高 6.2 厘米，宽 6.2 厘米
北京市丰台区大葆台西汉广阳王陵一号墓出土

铜质，鎏金。其表面大部分已锈蚀，軎身中空，形如圆筒，中腰有凸棱，前端设有弯状铜板，后端设有长方形穿孔，用以贯穿铁辖。车軎是安装在车轴两端的金属套件，是马车上的重要部件，主要用于固定车轮并保护车轴，兼具实用与装饰功能。

鎏金铜车軎

高 6.3 厘米，宽 6.8 厘米
北京市丰台区大葆台西汉广阳王陵一号墓出土

铜质，鎏金。呈筒形，一头较大，軎头外端平齐封顶，两端不通，后端边沿处有长方形透孔，用以插入车辖，固定车轮，防止其脱落。车軎与车辖配合，将车轮稳固锁定于车轴，保障车辆行驶稳定。

兽面形轴饰

长 8.8 厘米，宽 6 厘米

北京市丰台区大葆台西汉广阳王陵二号墓出土

　　铜质。正面饰以高浮雕状兽面，双目凸出，眼眶分明，脸颊微鼓，鼻粗而直，憨态可掬，形象生动。轴饰安装在车毂与车舆之间的轴上，左右各一，有保护车轴免遭泥水侵蚀的作用，亦称"笠毂"。汉代轴饰的形制与战国相似，多饰以高浮雕状兽面，另有错金银、鎏金、镶玛瑙或绿松石等装饰工艺。

鎏金铜叶形饰

长 9.6 厘米，宽 4 厘米，厚 0.4 厘米

北京市丰台区大葆台西汉广阳王陵一号墓出土

　　铜质，鎏金。其整体呈现为束腰状，两端巧妙地设计成叶片的形态，上宽下窄，线条流畅而优美。上下两端各雕刻出一大一小两个圆形凹槽，周围则镶嵌着小块不规则的绿松石和晶莹的玉片，色彩斑斓，熠熠生辉，使得整件饰品更加璀璨夺目。背面周缘有八个小穿纽，用于穿系绳带。整体造型流畅沉稳，透露出一种古朴而典雅的气息。

鎏金铜圆形马饰

直径 3.1 厘米，厚 0.8 厘米

北京市丰台区大葆台西汉广阳王陵一号墓出土

　　铜质，鎏金。外圆内方，似铜钱状，形态规整，线条流畅。正面凸鼓，方孔周围相间点缀着水滴状的绿松石与玛瑙，尖头向内。此铜钱形饰可能是古代马具皮带上的装饰品，它见证了汉代王族的日常生活与马背文化的繁荣，是研究汉代社会风俗与审美观念的重要实物资料。

鎏金大铜环

直径 7.7 厘米，厚 0.9 厘米

北京市丰台区大葆台西汉广阳王陵一号墓出土

　　铜质，鎏金。圆环状，环断面呈圆形。应为马具上起到连接作用的构件。

鎏金小铜环

直径 2.1 厘米，厚 0.5 厘米

北京市丰台区大葆台西汉广阳王陵一号墓出土

　　铜质，鎏金。圆环状，断面呈圆形。

鎏金铜泡

长 2.2～2.4 厘米，宽 1.3～1.6 厘米，厚 0.7～1 厘米

北京市丰台区大葆台西汉广阳王陵一号墓出土

　　铜质，鎏金。呈椭圆形，其背面有横向短梁，用以穿系并固定在革带上。泡饰常见以组合形式规律排列，构成连续装饰带，多分布于马络头、鞦带及鞍具边缘部位。泡兼具实用与装饰双重功能，其材质等级与装饰繁简程度，直观反映了马匹装饰系统的礼制内涵及使用者身份地位。

银泡

长 2.3～2.7 厘米，宽 1.5～1.7 厘米

北京市丰台区大葆台西汉广阳王陵一号墓出土

银质。呈椭圆形，背面有双横梁。

鎏金铜盖弓帽

高 6～12 厘米

北京市丰台区大葆台西汉广阳王陵一号墓出土

　　铜质，鎏金。圆筒状，头下有倒刺状弯钩。盖弓帽，亦称伞弓帽，是古代车舆上伞盖的重要构件，为套装于伞盖弓骨末端的金属零件。既用于牵拉固定伞布，又兼具装饰功能。盖弓帽工艺精湛，更显华贵非凡。汉代诸侯王的马车装饰皆追求极致奢华，伞盖之上亦需体现此等风范。

鎏金花顶铜盖弓帽

高 5.4～5.7 厘米

北京市丰台区大葆台西汉广阳王陵一号墓出土

　　铜质，鎏金。帽身外形呈圆筒状，中空。头端展开四瓣莲花形，中间圆心突出。花顶下部还有一倒钩的牙状突起，形如倒刺，称之为"蚤"，作用是钩住伞盖边缘，使之张开，并固定伞面，使伞面平整不回缩。一般在盖帷的边上裹有竹圈，这是为了便于承托"蚤"而设。金华与蚤合称"华蚤"或"金华爪"，故而盖弓帽雅称"金华蚤"。

铜帽

直径 4 厘米，高 5 厘米

北京市丰台区大葆台西汉广阳王陵一号墓出土

　　铜质。圆筒形，中腰有宽带状凸弦纹，其上部叠一圈
凸棱。

铁鼻钉

长 6.5 厘米，宽 3.1 厘米，厚 0.3 厘米

北京市丰台区大葆台西汉广阳王陵一号墓出土

　　铁质。顶部为方形环状，两脚长直，一侧脚有翻折。车马器，
应为连接部件。西汉时期，冶铁工艺得到大幅度的发展，这也使得
铁器更多地出现在了汉代人们的生活中。这件铁鼻钉粗细匀称，整
体直挺，工艺精湛，展现了西汉时期高超的冶铁工艺技术水平。

铜当卢

长 10.7 厘米，宽 2.4 厘米，厚 0.2 厘米

北京市丰台区大葆台西汉广阳王陵一号墓出土

　　铜质。整体造型仿若正面凝视的马首，上宽下窄，中部束腰。中间有两个卷曲小角，上部两侧有两圆形豁口，顶端呈"山"字状。中间镂空。背面上下各有一个半环形纽。此当卢为模型车马饰件，光素无纹。

鎏金铜衔镳

长 12.3～12.7 厘米，衔长 6.3 厘米

北京市丰台区大葆台西汉广阳王陵一号墓出土

　　铜质，鎏金。为模型车马器。衔由两节组成，每节的两端呈
环形，以环相互连咬，两端两节外环较大，用于贯镳。镳为"S"
形，中段扁宽，并有两个小孔，镳的两翼为花形，上有透孔。马
衔是驭马器具之一，常与马镳配套使用，主要用于控制马头的提
顿和转向，俗称"马嚼子"。镳用来连接马衔与马络头。

鎏金铜承弓器

长 4 厘米，宽 2.2 厘米

北京市丰台区大葆台西汉广阳王陵一号墓出土

　　铜质，鎏金。为模型车马器。颈细长而弯曲，柄部扁方中空，可插入木楔。装置在车厢的前栏，用于承架弓弩，同时，还可以帮张弩。承弓器是古代战车上的必备器具，古称"辄"。

鎏金铜辄角饰

长 2.5～2.6 厘米，宽 1.2～1.3 厘米

北京市丰台区大葆台西汉广阳王陵一号墓出土

　　铜质，鎏金。为模型车马饰件。兽头形，头部刻画细致，眉骨和鼻梁隆起，双目突出。后尾下曲，整体线条流畅有致。头身中空，可套在木辄的曲卷角上。

鎏金铜帽

直径 1.2～1.4 厘米，高 1.4～1.8 厘米

北京市丰台区大葆台西汉广阳王陵一号墓出土

　　铜质，鎏金。为模型车马饰件。圆筒形，中腰有一圈凸棱。

鎏金铜泡

长 1.2～1.3 厘米，宽 0.6～0.7 厘米

北京市丰台区大葆台西汉广阳王陵一号墓出土

　　铜质，鎏金。为模型车马饰件。器身为椭圆形，背面有单横梁。
铜泡是古代车马器上的一种重要装饰。

陶俑

高 31～42 厘米

北京市丰台区大葆台西汉广阳王陵一号墓出土

　　泥质灰陶。上身扁平，下身椭圆。分实心与空心两种。俑衣纹刻划简练，造型简单古朴。有脸涂白粉，墨绘眉、耳、口、鼻和胡须者，背部阴刻简练的衣纹、腰带。模手合制。

彩绘云气纹陶壶

口径 20.8 厘米，腹径 39.5 厘米，底径 21 厘米，通高 65.6 厘米

北京市石景山区老山汉墓出土

　　泥质灰陶。侈口，平折沿，长束颈，溜肩，圆鼓腹，折曲状高圈足，有博山盖，腹部两侧对称贴塑铺首衔环。陶壶长颈挺拔，圆腹饱满，高圈足稳重支撑。博山式盖层峦叠嶂间隐现仙山气象，与汉代盛行的升仙思想遥相呼应。壶身通体彩绘，红、白、黑三色对比鲜明，线条婉转，形成强烈的视觉张力，凸显汉代工匠对色彩韵律的精准把握。

彩绘云气纹陶壶

口径 20 厘米，腹径 37 厘米，底径 22 厘米，高 50.5 厘米

北京市石景山区老山汉墓出土

　　泥质灰陶。侈口，平折沿，长束颈，溜肩，圆鼓腹，折曲状高圈足，腹部两侧对称贴塑铺首衔环。

彩绘云气纹陶壶

口径 20.3 厘米，腹径 41.7 厘米，底径 20 厘米，通高 66 厘米

北京市石景山区老山汉墓出土

　　泥质灰陶。侈口，平折沿，长束颈，溜肩，圆鼓腹，折曲状高圈足，有博山盖，腹部两侧对称贴塑铺首衔环。

彩绘云气纹陶壶

口径 21 厘米，腹径 38.7 厘米，底径 21 厘米，通高 63.5 厘米

北京市石景山区老山汉墓出土

泥质灰陶。侈口，平折沿，长束颈，溜肩，圆鼓腹，折曲状高圈足，有博山盖，腹部两侧对称贴塑铺首衔环。

彩绘云气纹陶壶

口径 16.5 厘米，腹径 30 厘米，底径 16.5 厘米，通高 55.5 厘米

北京市石景山区老山汉墓出土

　　泥质红陶。侈口，平折沿，长束颈，溜肩，圆鼓腹，折曲状高圈足，有博山盖，腹部两侧对称贴塑铺首衔环。

彩绘云气纹陶壶

口径 15.5 厘米，腹径 29 厘米，底径 14 厘米，通高 51 厘米

北京市石景山区老山汉墓出土

　　泥质红陶。侈口，平折沿，长束颈，溜肩，圆鼓腹，折曲状高圈足，有博山盖，腹部两侧对称贴塑铺首衔环。

彩绘云气纹陶钫

口径长 14.8 厘米，口径宽 14.5 厘米，腹径 26 厘米，底径长 15 厘米，底径宽 14 厘米，
通高 52.5 厘米
北京市石景山区老山汉墓出土

　　泥质灰陶。整体呈方形，方口，束颈，鼓腹，方形高圈足。上腹两
侧对称贴塑铺首衔环，带博山盖。盖与方口处施红彩，颈部至腹部施黑
彩。颈、腹部和圈足各饰白色弦纹一周，将纹饰空间进行分割。纹饰集
中于颈部与腹部弦纹区间，以红、白色彩绘制云气纹。下腹部至方圈足
区域保持素面，未绘制纹饰。

彩绘云气纹陶钫

口径长 15.3 厘米，口径宽 15 厘米，腹径 26 厘米，底径长 14 厘米，底径宽 13.5 厘米，通高 51.5 厘米

北京市石景山区老山汉墓出土

　　泥质灰陶。整体呈方形，方口，束颈，鼓腹，方形高圈足。上腹两侧对称贴塑铺首衔环，带博山盖。盖与方口处施红彩，颈部至腹部施黑彩，形成庄重的色彩基调。颈、腹部和圈足各饰白色弦纹一周，将纹饰空间进行分割。纹饰集中于颈部与腹部弦纹区间，以白彩勾勒三角纹，其内满填云气纹，形成流动的韵律感。下腹部至方圈足区域保持素面，未绘制纹饰。

陶鼎

口径 17.5 厘米，腹径 33.5 厘米，高 27 厘米

北京市石景山区老山汉墓出土

　　泥质红陶。子母口，肩部附对称方形双耳，耳部有长方形孔，顶端外折。腹部圆鼓，中部装饰有一圈宽沿，圜底，腹下部有三个兽蹄形足。素面无纹。在制作工艺上，鼎身采用轮制工艺，双耳和蹄形足采用模制工艺，并粘接于鼎身。及至汉代，鼎在日常生活中逐渐淡出人们的视野，但鼎仍被视为贵族身份的象征，以鼎区分阶层等级的先秦遗风被不同程度地沿袭。

彩绘陶盌

口径 21.5 厘米，腹径 21 厘米，底径 11.5 厘米，高 10.5 厘米
北京市石景山区老山汉墓出土

　　泥质红陶。盌呈圆形，敞口，弧腹，平底，矮圈足。表面以红、白色彩绘制云纹，纹样均匀排布，线条收放自如，富有韵律之美。"盌"通作"碗"，属食器。

陶罐

口径 14 厘米，腹径 22 厘米，高 19.5 厘米
北京市石景山区老山汉墓出土

　　泥质红陶。敞口，折沿，束颈，溜肩，鼓腹，圜底。施红彩，肩、腹部饰有宽带纹。

陶盒

口径 19～20 厘米，腹径 22～24 厘米，底径 10.5～11 厘米，通高 16～17.5 厘米

北京市石景山区老山汉墓出土

　　泥质红陶。整体分为器盖和器身两部分。盒盖呈覆钵形，顶部有三个环形纽。盒身呈圆形，子母口，弧腹内收，平底，矮圈足。陶盒，亦名陶盛，属食器。

陶箭形罐

口径 10.5 厘米，腹径 12～12.5 厘米，底径 9 厘米，高 21.5～22 厘米
北京市石景山区老山汉墓出土

　　泥质红陶。器呈直筒形。敞口，折沿，筒形腹，中段微鼓，平底。口沿下对称分布四个圆形穿孔，呈两两相对布局，为穿系绳索的实用设计。

陶耳杯

高 7 厘米

北京市石景山区老山汉墓出土

　　泥质灰陶。杯身呈椭圆形，口沿微内敛，腹部弧收，平底。杯身两侧对称置有半月形双耳，双耳略低于口沿，便于持握。内涂朱衣，外施黑衣，仿漆器。耳杯又称羽觞，可用来饮酒，也可盛羹，常与其他酒具配套使用。陶制耳杯，多作明器，不具有实用功能。

陶卮

口径 14 厘米，底径 13 厘米，高 9.5 厘米
北京市石景山区老山汉墓出土

　　泥质灰陶。外形呈圆筒形，直壁，深腹，平底，附有环形把手。卮是汉代常用的饮酒器，多为漆器，其设计注重实用性与礼仪性，反映了汉代贵族生活的精致化。卮原是用木片卷曲而成，出土的陶、玉、漆卮，大多数都保持着圈器的形制。

陶甑

口径 30 厘米，腹径 27 厘米，底径 24 厘米，高 18.5 厘米

北京市石景山区老山汉墓出土

　　泥质灰陶。敞口，折沿，深腹，平底，腹部饰弦纹，底部陶箅密布气孔。甑为底小口大的盆形器，其特点是底部留有透入蒸汽的孔。汉甑之孔多满布于底面，更注重蒸汽之通畅，有些还排列成美观的图案。甑是一种炊器，类似今天的蒸锅，常与釜配套使用，因而有"釜甑"连称的说法。上部的甑放置食物，下部的釜用来装水。甑底部设有起间隔作用的箅子，箅上有孔，釜中盛水加热后，蒸汽通过箅孔蒸热甑内食物。

陶匜

口径长 30 厘米，口径宽 26.5 厘米，底径 15 厘米，高 11 厘米
北京市石景山区老山汉墓出土

　　泥质灰陶。其平面呈方形，敞口，弧腹，腹部下收为方形平底，口沿前部有一长方形流，流口稍宽，造型简洁。匜是一种水器或酒器，外形类似瓢。匜在古代祭祀、礼仪活动中承担重要角色，主要功能是盥洗。

豆形陶灯

口径 14 厘米，底径 12.8 厘米，高 20 厘米
北京市石景山区老山汉墓出土

　　泥质红陶。呈豆形，配有圆形浅灯盘，柱状灯柱，灯柱中部呈竹节状，设有喇叭形灯座，灯柱和灯座中空。豆形灯是中国古代灯具中数量最多、使用最为普遍的灯具造型，因其形制由古代食器"豆"演变而来。多为高脚、圆盘，用来扩大光源面积，并盛放燃料。豆形灯以其朴素的造型、科学的结构、实用的功能以及丰富的文化内涵，在我国灯具历史上占有独特的地位。

方口瓮

口长 32 厘米，口宽 31.5 厘米，腹径 55.5 厘米，高 61.6 厘米

北京市丰台区大葆台西汉广阳王陵二号墓出土

　　泥质灰陶，大部分已被烧成红色。方形直口，弧腹，圜底，腹部四角起竖棱，底部饰有绳纹。

方口瓮

口长 32.7 厘米，口宽 30.5 厘米，腹径 49.5 厘米，高 52.5 厘米
北京市丰台区大葆台西汉广阳王陵二号墓出土

　　泥质灰陶，大部分已被烧成红色。方形直口，弧腹，圜底，腹部四角起竖棱，底部饰有绳纹。

花斑石枰

长 69 厘米，宽 66 厘米，高 4.4 厘米

北京市丰台区大葆台西汉广阳王陵一号墓出土

　　出土于墓室前侧正中，枰面呈方形，四隅有矩形足，推测为踞坐之用。花斑石质地坚韧，细腻润泽，色彩斑斓，花纹有红、紫、绿、橙、黄等颜色，是一种珍贵的天然石料。

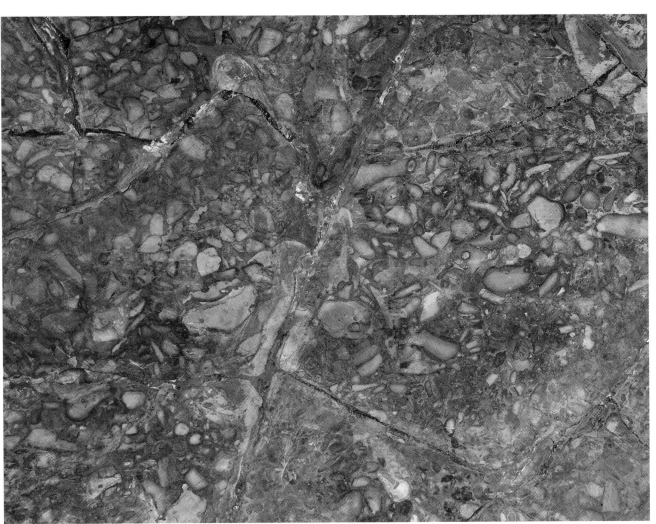

五铢钱

直径 2.5～2.6 厘米

北京市丰台区大葆台西汉广阳王陵一号墓出土

　　部分铜钱出土时仍以麻绳穿系，留存着汉代货币使用
与收纳的痕迹。五铢钱面文"五铢"二篆字，重如其文。

黄肠木

长 87～89 厘米，宽 18～22 厘米，高 9～11 厘米
北京市丰台区大葆台西汉广阳王陵一号墓出土

　　"黄肠"即黄心柏木，因木色淡黄得名。柏木便于加工，有香味、耐腐蚀。此处黄肠木经检测均为侧柏木芯，规格以长 90 厘米、宽厚各为 10 厘米为主，亦有少量规格不一者。黄肠木开料规整平直，表面打磨光滑，部分黄肠木上还留有清晰的"十"字墨线，划线时应使用墨斗一类工具。还有些黄肠木改作他用，在其一端或两端的平面上，凿有极其规整的长方形卯眼，眼孔之平整，足证汉代钻孔技术已达较高水平。

黑漆棺板

残长 53.7 厘米，残宽 40 厘米，高 6.5 厘米
北京市丰台区大葆台西汉广阳王陵一号墓出土

　　木胎。外髹黑漆，内涂朱漆。棺椁采用"三棺两椁"形制，与"诸侯五重"的棺椁制度相符。营建墓室时，工匠们先将两椁构件制作完成，然后在墓室内组装搭建好两椁，待下葬之际，再将三棺小心推入椁内。这五重棺椁皆制作精美，结构严密，木板之间全部采用榫卯和扣接的方法进行拼合，充分展现了当时高超的工艺水平。

红漆椁板

残长 44.1 厘米，残宽 18 厘米，高 9.8 厘米

北京市丰台区大葆台西汉广阳王陵一号墓出土

　　楠木胎。涂饰朱漆，色泽厚重艳丽。为内椁底板，板上凿有竖写"下六"符号，因先凿字后涂漆，以致由于涂漆太厚而使字迹模糊不清。重椁髹饰考究，均外髹黑漆，内涂朱漆，被内椁底板压盖的外椁底板部分虽不外露，也涂有朱漆，足见墓主人身份高贵，对葬具规制极为讲究。椁板上所凿数字和方位符号，说明内、外椁的单体部件，从开料、拼合到涂漆，都是先在墓坑外制作，然后拿到坑内组装。这些符号是为确保组装便捷、避免错乱而采取的一种防范措施。

细腰

长 9～9.3 厘米，宽 2.3～3 厘米，厚 1.6～2.3 厘米

北京市丰台区大葆台西汉广阳王陵一号墓出土

　　棺木合缝的木榫，外形呈中间窄细、两端略粗的收束状，宛如腰部收紧。西汉棺椁常以"细腰"合盖。据《潜夫论》载："往古之事，棺皆不用钉，悉用细腰。其细腰之法，长七寸，广三寸，厚二寸五分，状如木枰，两头大而中央小，仍凿棺际而安之，因普漆其外。一棺凡用细腰五十四枚。大略如此。"安装时，通过敲击使细腰部分受压变形，填充卯口间隙，让榫与卯咬合更紧实，借助木材弹性增强连接稳固性，减少松动。这一构造巧妙利用力学原理提升构件连接强度，保持棺椁结构稳固，也体现了古代工匠的木工技艺与智慧。

镂空条形玉饰件

长 10.7 厘米，宽 3.3 厘米，厚 0.2 厘米

北京市丰台区大葆台西汉广阳王陵一号墓出土

　　白玉质，玉质温润光洁，有褐色沁。长条形扁平体。饰件工艺独特，正面琢磨光滑平整，采用镂空工艺，勾勒出几何形状的花纹。饰件一端雕琢出凸齿，另一端钻有双孔。饰件两侧雕琢出七对凸齿，整体上呈现出一种和谐的对称美感。这件玉器，应为春秋晚期秦式玉器的传承之作，后于汉代经历了某种形式的改制。根据其精巧的设计，推测这件饰件原本用于镶嵌装饰某件器物。

龙首纹玉饰件

长 2.1～2.3 厘米，宽 1.7～1.8 厘米，厚 0.3 厘米
北京市丰台区大葆台西汉广阳王陵一号墓出土

　　白玉质，玉质细腻温润。整体呈扁平方形，其右侧别具匠心地设计有凸出的条形齿。镂孔周边，以阴刻技法雕琢出秦式龙首纹，线条刚劲流畅，于空白之处，同样运用阴刻手法勾勒卷云纹，线条婉转，与龙首纹相互映衬。

亚字形玉饰片

残长 4.2 厘米，残宽 4.2 厘米，厚 0.2 厘米

北京市丰台区大葆台西汉广阳王陵一号墓出土

　　白玉质，有沁色。扁平体，呈"亚"字形。腰部为三束突棱，腰部上下两侧均镂雕出左右对称的勾连云纹状透孔，中部上下又镂雕出对称的"T"形透孔，在器孔边缘随阴刻出方折的勾连云纹。

亚字形玉饰片

残长 4.1 厘米，残宽 4.2 厘米，厚 0.2 厘米
北京市丰台区大葆台西汉广阳王陵一号墓出土

　　白玉质，有沁色。扁平体，呈"亚"字形。腰部为
三束突棱，腰部上下两侧均镂雕出左右对称的勾连云纹
状透孔，上下两端分别各钻一个圆孔。

鱼形玉饰片

长 1.9 厘米，宽 1.2 厘米，厚 0.3 厘米

北京市丰台区大葆台西汉广阳王陵一号墓出土

　　白玉质。器体呈扁平片状，正反两面皆打磨得光润平滑，并通过阴刻的方式展现出鱼的双眼及鱼鳞等细节特征。

方形玉饰片

长 6.5 厘米，宽 5.8 厘米，厚 0.3 厘米

北京市丰台区大葆台西汉广阳王陵一号墓出土

　　白玉质。方形扁平状，一面磨光，上有彩绘痕，为镶嵌件。

菱形玉饰片

长 6.2～6.4 厘米，宽 2.1～2.3 厘米，厚 0.3～0.4 厘米
北京市丰台区大葆台西汉广阳王陵一号墓出土

　　白玉质，呈灰白色。菱形，扁平，一面磨光，为镶嵌件。

桃形玉饰片

长 4.2 厘米，宽 3.3 厘米，厚 0.2 厘米
北京市丰台区大葆台西汉广阳王陵一号墓出土

　　白玉质，玉质温润，其间自然分布着些许褐色纹理，为
其增添了一抹古朴韵味。呈桃形，器身扁平纤薄，触手轻盈。
玉片用于装饰器物，一面经由匠人的精心打磨，表面光滑；
另一面则加工平整，未施以精细打磨。这件玉片外观圆润完
整，不见穿孔痕迹，从其工艺特征及样式推断，通常作为装
饰性玉片使用。

圆形玉饰片

直径 3.2 厘米，厚 0.2 厘米

北京市丰台区大葆台西汉广阳王陵一号墓出土

　　白玉质，呈灰白色。圆形，扁平，一面磨光，为镶嵌件。

三角形玉饰片

长 4～6.8 厘米，宽 1～3.5 厘米，厚 0.3～0.5 厘米

北京市丰台区大葆台西汉广阳王陵一号墓出土

　　白玉质，呈黄白色。三角形，扁平，一面磨光，为镶嵌件。

凤形玉饰片

长 7.2 厘米，宽 3.5 厘米，厚 0.3 厘米
北京市丰台区大葆台西汉广阳王陵一号墓出土

　　白玉质，呈灰白色。凤形，扁平，一面磨
光，为镶嵌件。

凤形玉饰片

长 6.6 厘米，宽 3.7 厘米，厚 0.2 厘米
北京市丰台区大葆台西汉广阳王陵一号墓出土

　　白玉质，呈灰白色。凤形，冠部已
残，扁平，一面磨光，为镶嵌件。

长条形玉饰片

长 10～11.4 厘米，宽 1.2 厘米，厚 0.4～0.6 厘米
北京市丰台区大葆台西汉广阳王陵一号墓出土

　　呈长条形，一面打磨光滑平整，部分玉条上还残留着彩绘的痕迹。

刀形玉饰片

长 9.1～12.2 厘米，宽 1.2～1.6 厘米，厚 0.2～0.3 厘米
北京市丰台区大葆台西汉广阳王陵一号、二号墓出土

　　呈长条形，一端平直，一端呈尖刀状，玉片表面光素无纹，生动展现汉代穿孔、锯截、琢磨等制玉工艺的成熟水平。推测是镶嵌于棺椁之上的装饰玉片，为研究汉代葬制提供了实物依据。

玉衣片

残长 1～2 厘米，残宽 0.6～1.2 厘米，厚 0.2 厘米
北京市丰台区大葆台西汉广阳王陵一号墓出土

　　白玉质。长方扁平状，角端各有一单面钻的圆孔，边缘琢磨成倒棱状。玉衣又称"玉匣"，是由许多四角穿有小孔的玉片，以金丝、银丝或铜丝按照人体形状编缀而成。根据丝线的材质分别称为"金缕玉衣""银缕玉衣""铜缕玉衣"。经考证，汉代帝王下葬皆用"珠襦玉匣"，金丝相连，形如铠甲。玉衣片虽数量不多，但每件玉片都制作规整，磨制精细，四角钻孔径均匀，是墓主人身份、地位的象征。

龙首玉枕

通高 23 厘米，宽 9.5 厘米

北京市丰台区大葆台西汉广阳王陵一号墓出土

　　龙首为铜质，鎏金，镶嵌玉片为饰，昂首阔嘴，用水晶作眼睛，青玉作牙、舌、双角。龙首下部为长方体铜座，侧面浅浮雕龙爪，造型别致生动。龙首为枕端部饰件，由于该墓被盗，未见另一端龙首饰件。龙首附近出土一些玉器残片，推测枕身可能镶嵌玉片。

蒲纹玉璧

直径 16.8 厘米，厚 0.5 厘米

北京市丰台区大葆台西汉广阳王陵二号墓出土

　　墨玉质，局部区域可见灰白色沁色，其间还夹杂着红、黄之色。形制扁平，呈圆形，中心开有一圆孔，两面纹饰相同，均雕琢蒲纹，以浅浮雕技法呈现，在璧身内外缘处以阴刻手法各勾勒出一圈弦纹。玉璧边缘制作规整，蒲纹排列井然有序，分割线条均匀，雕琢干净利落，充满力度，呈现出光润莹亮的质感。

螭虎纹玉璧

直径 9.4 厘米

北京市丰台区大葆台西汉广阳王陵一号墓出土

　　已残缺不全。白玉质，玉料呈青白色，局部有褐色。体扁平，发现时仅有环体的一半，且有多处断折。玉璧两面形式与饰纹相同、皆以镂雕螭虎纹。

素玉璧

直径 13.6 厘米，厚 0.3 厘米

北京市丰台区大葆台西汉广阳王陵一号墓出土

白玉质，表面有黄褐沁色。

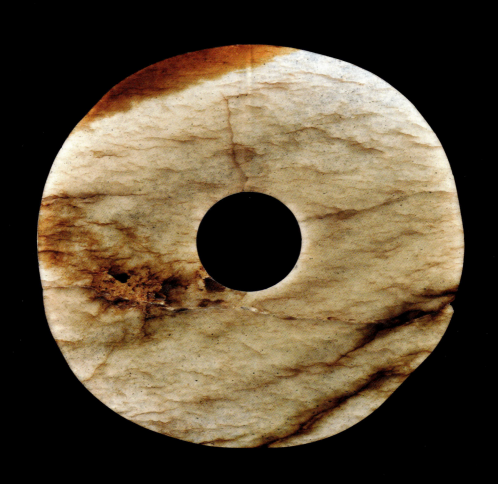

素玉璧

玉瑱

长 2.8 厘米，直径 1 厘米
北京市丰台区大葆台西汉广阳王陵二号墓出土

　　白玉质。一端较大，一端稍小。大端顶部为平面，小端顶部呈半圆形，横截面为圆形。此件玉瑱为葬玉用瑱，是西汉时期葬玉制度中玉塞的组成部分，为下葬时塞于墓主人外耳道中的玉器。

彩绘骨棒

长 11.7 厘米

北京市丰台区大葆台西汉广阳王陵一号墓出土

　　呈长条圆柱形，通体施黑漆，其上绘有五组几何纹饰。这些纹饰由一圈三角纹和弦纹组合而成，其中三组纹饰采用黑漆朱绘的方式，另外两组纹饰则采用黑漆白绘的方式。依据其出土的墓葬情境以及所蕴含的文化内涵进行推测，它极有可能与祭祀仪式、灵魂升仙等在墓主精神世界中占据重要地位的美好祈愿存在着千丝万缕的联系，承载着汉代人对于生死观念的独特表达以及对来世的深切期许。

黑漆衣博山盖

口径 17.2～20.5 厘米，高 12～12.9 厘米

北京市丰台区大葆台西汉广阳王陵一号墓出土

　　泥质红陶。下部作成宽边内弧形或坡状，上部为山峰矗立。外施黑漆衣。模轮合制。博山的造型设计源自海上仙山，它是汉代人信念中神仙所居之仙山、仙境的形象体现。"博山"形象大量运用于生活器皿和随葬器物，充满着人们对于"羽化登仙"的仙境追求。

結语

长安高阙，广阳华筵。两千年历史长河奔流不息，《史记》《汉书》中的秦汉画卷波澜壮阔，大葆台遗址的发现，不断丰富着人们对北京地区汉代社会生活、物质文化、思想信仰等方面的认知。

岁月不居，春秋有序。历史在此珍藏下大汉盛世的记忆，也将见证更加绚丽的文化盛景。

大葆台遗址不仅是北京地区珍贵的历史文化遗产，也是中华文明宝库中一颗璀璨夺目的明珠，这座镌刻着汉韵雄风的文明坐标，将在华夏文明的星空中绽放光芒。

后记

五十年前开展的大葆台西汉广阳王陵考古工作，为我们积累了丰富的田野发掘资料，这些资料成为我馆的建馆之基，以此构建起北京地区汉代物质文明基因库。当我们在库房整理时，总能感知文物正以其独特韵律与时空对话，那些深邃悠远的回响，宛若铸就开启汉代文明的密钥。泛黄报告里的线图，囊匣中静默的文物，都在等待一场跨越古今的盛大转译，将汉代文明的璀璨图景，重新铺展在世人眼前。

北京考古遗址博物馆作为引导公众思考的重要场所，将艰深的考古材料转化为可感知的文明图景，这一转化过程本身便充满复杂性。展厅恰似一本立体的书卷，观众在驻足与移步之间，对陈列在空间里的器物进行观察、阅读和感受。比如，对于展览中漆器残底铭文的解读，抑或是竹简"樵中格"的释义，以及黄肠题凑葬制中的结构布局与便房功能的讨论，都采用了更具普适性的处理方式，同时也为学术探讨留下了广阔空间。我们从未奢求一个考古遗址的专题展览可以得到全类型观众的认可，也没有刻意剥离考古学与历史学的专业背景去寻找雅俗共赏的方法。展厅里会有细读文字说明的观众，会有打卡拍照的观众，亦会有只为某一件展品惊叹的观众。我们只能尽我们所能，供观者自取所需。

考古材料与博物馆之间密切关系在考古遗址博物馆的语境下显得格外紧密。展览尝试摆脱单纯的器物陈列，采用多元化的陈列语言。例如以昭宣盛世为背景，从汉代建筑、出土文物中提炼形制、纹饰等典型符号，来营造展厅空间的氛围。又比如在有限的展厅空间里设置宴饮场景、铜镜纹样互动场景、沉浸式展示空间等。这些精心设计的情景再现与艺术重组，作为辅助展示大量运用于展览中。我们预想过质疑之声，亦担忧形式设计扰乱观者对器物的本真感知，更担心浸润于多媒介环境的观众，早已不再满足于器物按类别静置于展柜的陈列方式。

除了多元化的陈列语言，本次展览还有一个特殊之处值得关注。我们按照汉代"事死如事生，事亡如事存"的生死哲学、"天人合一"的宇宙观，通过墓室空间还原彼时葬制，提取祥禽瑞兽形象，打造汉代天象藻井沉浸式空间，让观众直接感受汉代人的信仰观念、生死观念。这种大胆尝试，是寄希望于在以物为核心的传统展览基础上，寻求更具精神性、延展性的突破。

　　广阳王陵出土的各式各样的文物，最终统一于汉代文明这一主题下。汉代人有"豁达闳大之风"，汉代艺术风格"气魄深沉雄大"。"闳大"和"雄大"，既是汉代社会文化风格的总结，又是彼时民族性格、汉代文明精神的表述。当时的人们，有着质朴刚强、开放包容的时代精神。

　　我们唯愿每一位进入展厅的观众，都能撷取一缕穿越千年的星光，感受那个时代的雄浑开阔与昂扬进取，于个体、于家国、于时代，有着更多的思考。让汉代文明的基因，在每一次驻足凝视、每一刻深思叩问中，焕发全新的生命力，续写跨越时空的文明长卷。

　　斗转星移，乾坤万象，定不负这场相遇！

编者

2025 年 4 月